AF746175

www.ingramcontent.com/pod-product-compliance
Lightning Source LLC
LaVergne TN
LVHW010832051026
849532LV00007B/2677

* 9 7 8 9 3 6 9 0 8 8 1 6 4 *

اردو ادب و ثقافت : منظر نامے

(تعمیر نیوز ویب پورٹل کے منتخب مضامین)

ادب و ثقافت سیریز:2

مرتب:

مکرم نیاز

Urdu Adab o Saqafat : manzarnamay - Part-2

by: Mukarram Niyaz

Edition: September '2025

Publisher :

Taemeer Publications LLC (Michigan, USA / Hyderabad, India)

ISBN 978-93-6908-816-4

کتاب	:	**اردو ادب و ثقافت : منظر نامے** (حصہ : ۲)
مرتب	:	**مکرم نیاز**
صنف	:	غیر افسانوی نثر
ناشر	:	تعمیر پبلی کیشنز (حیدرآباد، انڈیا)
سالِ اشاعت	:	۲۰۲۵ء
صفحات	:	۱۰۴
سرورق ڈیزائن	:	تعمیر ویب ڈیزائن

فہرست

پیش لفظ

ادب، ثقافت اور فہم کا سفر (منظر نامہ: ۲)

مکرم نیاز

مطالعہ کی تاریخ پر جب طائرانہ نظر ڈالی جائے تو معلوم ہوگا کہ اس کا سفر تین عظیم، تاریخی و ادب ساز ادوار سے عبارت ہے، جنھوں نے انسانی دل و دماغ کو مسحور کیا اور علم و حکمت کو فروغ دیا۔ سب سے پہلا دور وہ تھا، جب کاغذی صفحات، رسائل اور اخبارات علم و عرفان کے چراغ تھے، جو مدھم روشنی میں انسان کے رب کا راز افشا کرتے تھے۔ یہ زمانہ اپنی سادگی، اپنی اخلاقیات اور خلوص کی یادگار سمجھا گیا، مگر رفتہ رفتہ زمانہ تبدیل ہونے لگا۔

پھر وہ عہدِ طلوع ہوا، جب انٹرنیٹ کا جادو ہر زبان کے قاری پر سایہ فگن ہوا۔ اپنی برق رفتاری اور بے مثال وسعت کے ساتھ، علم و آگاہی کا یہ سمندر گویا ہر قاری کی انگلیوں کی زینت بن گیا۔ ایک کلک سے ایک نئی دنیا، ایک جھلک سے دوسری حقیقت، اور ایک لمحے کا کچھ حصہ، قارئین کو بے پناہ وسیع اور دلکش دنیاؤں کا مسافر بنا گیا۔ دراصل یہ ایسا انقلابِ عظیم تھا، جو علم و شعور سے لبریز اسبابِ زندگی بن گیا۔

تیسری اور سب سے زیادہ حیرت انگیز تبدیلی سوشل میڈیا کی شکل میں نمودار

ہوئی۔ ایک ایسی دنیا، جہاں فاصلے مٹ گئے، اور خیالات و احساسات کی سرائیں، عقل و شعور کے میدان آباد کرنے لگیں۔ ہر فرد، ادارہ، قوم، ایک دوسرے کے قریب، اور ایک دوسرے کے ہم نوا ہو گئے۔ یہ میدان عمل، تعلیم، اصلاح اور سماجی بیداری کے قافلے کا ایسا رہنما باور کیا گیا جو تاریکی کے خلاف علم نور بلند کرتا ہے۔

اسی فضا میں، ۲۰۱۲ء کے اواخر میں 'تعمیر نیوز' کے افق کو روشن کیا گیا، تاکہ اردو ادب و ثقافت کے اس بحرِ بے کنار کو ایک جہانِ تنقید و تصور میں تبدیل کیا جا سکے۔ تیرہ سال کے اس سفر نے یہ باور کرایا ہے کہ اردو زبان کا یگانہ لہجہ، اس کے بلند خیال اور اس کے پیغام، امتزاجِ علم و فن میں ہی زندہ رہ سکتے ہیں۔

اس کتاب میں 'تعمیر نیوز' سے اخذ کردہ ایسے مضامین کو شامل کرنے کی ممکنہ کوشش کی گئی ہے جو اردو ادب و ثقافت کے منفرد و متنوع موضوعات کا احاطہ کرتے ہوئے قاری کی مناسب علمی و سماجی رہنمائی کا فرض بھی انجام دے سکیں۔ یہ کتاب "**اردو ادب و ثقافت: منظر نامے**" کے سلسلے کا دوسرا حصہ ہے۔

۱۷/ ستمبر ۲۰۲۵ء

حیدرآباد (تلنگانہ، انڈیا)

۱

خوشتر گرامی - بیسویں صدی کا افسانوی صحافی

فاروق ارگلی

تقسیم وطن کے بعد ہندوستان میں اردو کے مقبول ترین رسائل و جرائد کی تاریخ میں رسالہ "بیسویں صدی" اور اس کے بانی و مدیر رام رکھا مل خوشتر گرامی کا نام سر فہرست ہے۔ گذشتہ صدی کے جس اردو فکشن یا افسانوی ادب کی بنیادوں پر آج کی اردو دانشوری کی بلند بالا عمارت کھڑی ہے۔ اس کی تعمیر اور فروغ میں خوشتر گرامی اور رسالہ بیسویں صدی کا بہت بڑا حصہ ہے۔ کرشن چندر، راجندر سنگھ بیدی، خواجہ احمد عباس، عصمت چغتائی، قرۃ العین حیدر، سلمی صدیقی اور رام لعل سے لیکر بعد کے نامور افسانہ نگاروں اور عہد کے تقریباً تمام ہی نامور شعراء کو بیسویں صدی کے ذریعہ مطلع عام پر چمکنے کا موقع ملا۔

خوشتر گرامی نے اپنی زندگی میں لاتعداد صلاحیتوں کو دنیا کے سامنے پیش کر کے انہیں شہرت و کامیابی سے ہمکنار کیا۔ رسالہ بیسویں صدی مسلسل نصف صدی سے زیادہ مدت تک بر صغیر کے ہزارہا باشعور گھرانوں کا پسندیدہ رسالہ بنا رہا۔ اس دور میں لاتعداد جریدے شائع ہوتے رہے لیکن "بیسویں صدی" جیسی کامیابی اور معیار کسی اور رسالے کو نصیب نہ ہو۔ خوشتر گرانی نہ صرف ایک لائق ترین صحیفہ نگار تھے بلکہ وہ اپنے عہد کے

بہت اچھے ادیب اور طنز نگار بھی تھے، اخبارات کی سرخیوں اور چھوٹی چھوٹی باتوں سے تیر ونشتر کے عنوان سے ان کی چٹکیاں ان کی شوخی قلم کی پہچان بن گئیں۔ ان کے بعد بہت سے کالم نویسوں اور طنز نگاروں نے اس نہج کو اختیار کر کے شہرت پائی۔ عظیم افسانہ نگار کرشن چندر کے مطابق:

"اردو کی ادبی و صحافتی زندگی میں طنز و ظرافت کا ساتھ جڑواں بہنوں کا سا ہے۔ طنز کے میدان میں اردو کے بہترین ادیبوں اور صحافیوں نے اپنے جوہر دکھائے ہیں، رتن ناتھ سرشار، سجاد حسین، ابوالکلام آزاد، ظفر علی خاں، محمد علی جوہر، چراغ حسن حسرت، عبدالمجید سالک، یہ سب لوگ بلند پایہ ادیب بھی تھے اور عظیم صحافی بھی۔ مجبی خوشتر گرامی نے انہی بزرگوں کے نقش قدم پر چلنے کی سعادت حاصل کی ہے اور ادب و صحافت کی بزم میں طنز و ظرافت کی ایسی تابناک شمع روشن کی ہے جس کی ضیاء کبھی ماند نہ ہو گی"۔

خوشتر گرامی کی ادبی صحافت کا سب سے بڑا کارنامہ یہ ہے کہ انہوں نے اردو کے بہترین افسانے لکھوائے اور شائع کئے۔ لیکن انہوں نے تخلیقات کے انتخاب میں کبھی معیار سے سمجھوتہ نہیں کیا۔ انہوں نے "بیسویں صدی" کو بہترین کہانیوں کے ساتھ اعلیٰ شاعری کا ایک مرقع بنا کر پیش کیا۔ "بیسویں صدی" کے لاتعداد بڑے چھوٹے قلمکاروں نے جو افسانے لکھے ان میں زیادہ تر اردو فکشن کا یادگار سرمایہ بن گئے۔ انہوں نے کتابت و طباعت کے حسن اور نفاست کو بھی اردو صحافت میں ایک شاندار مثال بنا دیا۔ آج کمپیوٹر اور جدید ترین رنگین طباعت کی حیرت انگیز آسانیاں فراہم ہیں لیکن آج بھی ہاتھ سے لکھنے جانے اور پرانی مشینوں پر چھاپے جانے والے "بیسویں صدی" کی سی خوبصورتی اور سلیقہ دور دور تک نظر نہیں آتا۔

رام رکھامل خوشتر گرامی اکتوبر ۱۹۰۲ء میں پنجاب کے شہر سیالکوٹ میں پیدا ہوئے،

ان کے داد دیوان گنپت رائے شہر کے نہایت دولتمند رئیس تھے، لیکن ان کے والد دیوان بشمبھر ناتھ کو تجارت میں اس قدر خسارہ ہوا کہ رام رکھا مل کے عالم شیر خواری میں ہی یہ گھرانہ عسرت و تنگدستی کا شکار ہو گیا۔ رام رکھا مل بھی صرف تین برس کے تھے کہ والد کا انتقال ہو گیا، ان کی والدہ بچے کو لے کر اپنے مائیکے لاہور آ گئیں۔ انہوں نے کسی نہ کسی طرح بچے کی پرورش کی، اس دور کے مطابق ان کی تعلیم اردو اور فارسی میں ہوئی، چودہ پندرہ برس کے تھے جب والدہ بھی دنیا سے رخصت ہو گئیں۔ نانہالی رشتہ نہایت دولتمند اور خوشحال تھے لیکن کسی نے بھی دستگیری نہیں کی، اپنی اور ایک چھوٹی بہن کی کفالت کیلئے ٹیوشن پڑھانے لگے۔ اپنی ابتدائی زندگی کے بارے میں خوشتر گرامی لکھتے ہیں:

"پندرہ برس کی عمر تھی کہ ماں کی پیار بھری گود سے محروم ہو گیا، ہر طرف اندھیرا ہی اندھیرا تھا، کوئی آنسو خشک کرنے والا بھی نہ تھا، میں نے صبر و تحمل کا سہارا لیا، اور ہاتھ بڑھا کر ہمت کا دامن تھام لیا، ہفتے میں دو دو تین تین دن فاقے میں گزرتے، روٹی کبھی صبح کو ملی تو شام کو نہ ملی، اس حالت میں بھی صبر کا دامن ہاتھ سے نہ چھوٹا"۔ ایسے صبر آزما حالات میں بھی تعلیم حاصل کرنے کا جذبہ رام رکھا مل کے دل میں جوان رہا لیکن لاکھ کوشش کے باوجود میٹرک سے آگے جانا مشکل ہو گیا۔ کسی نہ کسی طرح بارہویں جماعت تک پہنچے، اس کے بعد باقاعدہ تعلیم کا سلسلہ منقطع ہو گیا، لیکن پڑھنے کا شوق اس قدر تھا کہ منشی فاضل یعنی اردو آنرز کا پرائیوٹ امتحان دیا اور پورے صوبے میں اول آئے۔

ادب اور صحافت کا شوق و ذوق پیدا ہوا تو اردو کی ہر طرح کی کتابیں پڑھ ڈالیں۔ روزی کیلئے انہوں نے کئی اور طرح کی ملازمت یا پیشے کو اپنانے کے بجائے اخبارات میں ملازمت پسند کی۔ یہ ان کی خوش نصیبی تھی کہ انہیں لالہ لاجپت رائے اور مولانا ظفر علی

خاں کی خدمت کرنے کا موقع ملا۔ انہوں نے تحریک آزادی کے ترجمان 'زمیندار' اخبار کیلئے رپورٹر کا کام کیا، لاہور کے مشہور اخبار "بندے ماترم" کے ادارتی شعبے میں ملازمت کی۔ حب الوطنی اور وطن کی آزادی کا جذبہ شروع سے ہی ان کے اندر موجود تھا۔ اخبار نویسی نے اس جذبے کو مہمیز کیا۔ ایک نوجوان صحافی کی حیثیت سے شہرت بھی ملی۔ یہ وقت تھا جب انہیں لالہ لاجپت رائے اور ظفر علی خاں جیسے عظیم رہنماوں کے ساتھ ساتھ شاعر مشرق علامہ اقبال، شہید بھگت سنگھ، مولانا عبدالمجید سالک اور علامہ تاجور نجیب آبادی جیسی تاریخ ساز ہستیوں کی قربت، شفقت اور تربیت حاصل ہوئی۔ خوشتر ان عظیم شخصیات سے حاصل ہونے والے فیضان کا ذکر اس طرح کرتے ہیں:

"علامہ تاجور شفیق استاد کی تربیت نے خیالات کو ندرت اور قلم کو قوت عطا کی۔ آنکھ نے جو کچھ دیکھا اسے شیشہ دل میں اتارا، حق گوئی و بے باکی کو شعار بنایا، جو کچھ محسوس کرتا ہوں، بلا تامل اس کا اظہار کرتا ہوں، حق و صداقت کی تائید و حمایت میں بڑی سے بڑی ٹکر لینے سے بھی گریز نہیں کرتا۔ غریبوں، کمزوروں اور ناداروں سے نا انصافی اور حکمرانوں کو وعدہ فراموشیوں پر خاموشی میری عادت و فطرت کے خلاف اور ضبط و برداشت سے باہر ہے، حکومت کے رعب و ادب اور وزارت کی کرسیوں پر متمکن لوگوں سے کبھی مرعوب نہیں ہوا اور بڑی سے بڑی طاقت کے آگے نہیں جھکا"۔

رام رکھا مل کو شاعری کا شوق تو اس وقت کے عام ذہین بچوں کی طرح بچپن سے ہی تھا اور وہ خوشتر گرامی بن چکے تھے۔ انہوں نے پندرہ سال کی عمر میں اپنی والدہ کے انتقال پر ایک دردناک مرثیہ لکھا تھا، اس کے بعد جب وہ ملکی حالات اور تحریک آزادی سے متاثر ہوئے تو بہت سی قومی نظمیں لکھیں جو اخبارات اور رسائل میں شائع ہوئیں۔ اسی دوران جب وہ اخبارات میں کام کر رہے تھے، انہوں نے بچوں کیلئے چھوٹی چھوٹی کتابیں

لکھیں، جو پنجاب، یوپی، دہلی، سی پی اور صوبہ سرحد کے علاوہ دوسری ریاستوں میں بھی مدت تک بطور نصاب رائج رہیں۔ نامور شاعر اور ماہر تعلیم پروفیسر منوہر سہائے انور لکھتے ہیں: "آج کل کے جواں سال ادیبوں میں سے اکثر نے اس کی کتابیں اپنی ابتدائی تعلیم کے زمانے میں پڑھی تھیں، وہ بچوں کیلئے اردو کی کتابیں لکھنے سے پہلے صحافت کے میدان میں اتر کر کئی روزنامہ اخبارات کے ایڈیٹوریل اسٹاف میں شامل رہ چکا تھا، خوشتر گرامی نے ۱۹۳۷ء میں ماہنامہ "بیسویں صدی" لاہور سے جاری کے اردو کے افسانوی ادب میں ایک بالکل نئے دور کا آغاز کر دیا۔

ابھی بیسویں صدی کا پہلا شمار شائع نہیں ہوا تھا کہ حکومت نے ضمانت طلب کرلی۔ یہ اخبار یا ماہنامے کی اشاعت سے پہلے ہی ضمانت طلبی کی شاید پہلی مثال تھی۔ دراصل خوشتر گرامی ایک حریت پسند صحافی کے طور پر پہلے ہی مشہور ہو چکے تھے۔ برطانوی حکومت کی سی آئی ڈی ان پر نظر رکھتی تھی، بہر حال رسالہ شائع ہونا شروع ہوا۔ 'بیسویں صدی، میں افسانوں اور شاعری کے ساتھ ساتھ شروع کے چند صفحات سیاسی تبصروں، کارٹونوں اور ان کی طنزیہ تحریر یعنی" تیر و نشتر "کیلئے مختص رہے جن کے ذریعہ انہوں نے ہمیشہ حکمرانوں کے جبر و استحصال، نا انصافی، فرقہ پرستی اور سرمایہ دارو کی لوٹ کھسوٹ کے خلاف آواز بلند کی۔ تقسیم وطن سے پہلے دس برسوں میں "بیسویں صدی" لاہور خاصی مقبولیت حاصل کر چکا تھا۔ خوشتر گرامی ایک کامیاب اور خوشحال صحافی بن چکے تھے لیکن تقسیم کی قیامت نے سب کچھ ختم کر دیا۔ "بیسویں صدی" کا دفتر، گھر بار سب جل کر خاک ہو گیا۔

خالی ہاتھ اپنی بیوی بچوں کے ساتھ دہلی آئے۔ یہ وہ وقت تھا جب آزاد ہندوستان کی سیاست اردو کو بھی دیس نکال دینے کے درپے تھی، لیکن پنجاب کے شرنارتھیوں نے

اردو کا دامن نہیں چھوڑا، پاکستان سے جانے کتنے ادیب، شاعر صحافی آگئے، 'پرتاپ،، 'ملاپ،، 'بندے ماترم،، 'شیر پنجاب،، 'مستانہ جوگی،، 'رہنمائے تعلیم، اور 'بیسویں صدی، جیسے احبار اور رسالے دلی سے چھپنے لگے، اردو کے اندھیرے گھر میں پھر سے چاندنا ہو گیا، 'بیسویں صدی، دہلی سے شائع ہونا شروع ہوا تو جیسے وہ ہندوستان، پاکستان کے تمام ادیبوں، شاعروں کا ترجمان بن گیا۔ خوشتر گرامی کا کمال یہ بھی ہے کہ ان کے جریدے میں ہر مکتب فکر کے قلم کار کو جگہ ملتی تھی لیکن 'بیسویں صدی، کسی نظریہ یا تحریک سے متاثر نہیں ہوا۔

اردو کے صحت مند ادب کا فروغ خوشتر گرامی کا نصب العین رہا۔ 'بیسویں صدی، کی مقبولیت کا عالم یہ تھا کہ اس کے قدر دان ساری دنیا میں موجود تھے۔ ملک بھر میں قارئین بے تابی سے نئے شمار کا انتظار کرتے تھے۔ 'بیسویں صدی، گھر گھر میں پہنچتا تھا۔ 'بیسویں صدی، کو اردو صحافت کا خوبصورت ترین معیاری جریدہ بنانے کیلئے خوشتر گرامی نے سالہا سال تک دن رات محنت کی۔ مواد کا انتخاب، مشمولات کی صحت و درستگی، کتابت، تزئین اور طباعت کے ہر مرحلہ پر گہری نظر رکھنے کے ساتھ ساتھ ساری دنیا کے ادیبوں، شاعروں سے حط و کتابت، ملاقاتیں، مہمان نوازیاں یہ سب کچھ ان کے معمولات زندگی میں شامل تھا۔ ان کی محنت اور صلاحیت نے انہیں بے پناہ کامیابی عطا کی۔ قدرت نے انہیں ہر اسی خوشی سے نواز جس کے لوگ خواب دیکھتے ہیں، لیکن وقت بدل چکا تھا، ہندوستان کی نئی نسلیں اردو سے دور ہو رہی تھیں۔ ان کے بیٹوں نے اعلیٰ تعلیم پاکر باپ کی ذمہ داریاں سنبھالنے کے بجائے بیرون ملک کی شاندار ملازمتیں کرنا پسند کیا۔ خوشتر صاحب نے بہت کوشش کی کہ ان کے صاحبزادے کشن کمار پبلشنگ کا کام سنبھال لیں، اس مقصد کیلئے 'نئی صدی، کے نام سے ہندی بھاشا کا ایک رسالہ بھی شروع کرایا،

لیکن بات نہیں بنی۔ ۱۹۷۵ء کا سال آتے آتے ضعیفی اور بیماری نے گھیر لیا۔ جسم ساتھ چھوڑ رہا تھا لیکن 'بیسویں صدی' کی پرورش تو خون جگر سے کی تھی، رسالہ ان کی اولاد کی طرح تھا، وہ کسی قیمت پر اسے بند نہیں ہونے دینا چاہتے تھے۔

زیادہ تر لوگوں کا خیال ہے کہ انہوں نے رحمان نیر مرحوم کے ہاتھوں معقول قیمت پر فروخت کر دیا تھا۔ یہ قطعی غلط ہے۔ دراصل خوشتر صاحب کو 'بیسویں صدی' بیچنا نہیں، زندہ رکھنا تھا۔ انہوں نے صرف اتنی رقم قبول کی جتنی ایک پرنٹنگ پریس کو واجب الادا تھی جو اندازاً دو سوا دو لاکھ سے زیادہ نہیں تھی۔ وہ صرف کرسی کی پشت پر لٹکا ہوا اپنا کوٹ پہن کر دریا گنج مین روڈ پر واقع اپنے دفتر سے اُتر کر چلے گئے۔ انہیں رحمان نیر جیسا باذوق، محنتی اور پرجوش جانشین مل گیا تھا۔ اگر وہ سچ مچ 'بیسویں صدی' کو فروخت کرتے ہوئے دفتر کا سازوسامان اور کتابوں کا ذخیرہ ہی لاکھوں کا تھا، دفتر کی جگہ کی قیمت اُس وقت پندرہ بیس لاکھ سے کم نہیں تھی، جی نہیں! انہوں نے 'بیسویں صدی' فروخت نہیں کیا، اسے زندہ رکھنے کیلئے صحیح ہاتھوں میں دیا تھا۔

دنیا نے دیکھا کہ خوشتر گرامیؔ صاحب کا اندازہ درست تھا۔ رحمان نیر نے خوشترؔ گرامی صاحب کے بعد جس شان کے ساتھ 'بیسویں صدی' کی اشاعت کی اس میں خوشتر گرامی صاحب کا عکس واضح تھا۔ ادیبوں کی وہ برادری جو خوشتر گرامی سے وابستہ رہی تھی اسے رحمان نیر صاحب نے بھی وضع داری اور محبت سے جوڑے رکھا۔ خوشترؔ گرامی جب تک زندہ رہے ضعیفی اور علامت کے باجود "تیر و نشتر" لکھتے رہے۔ اپنے پرانے پسندیدہ کارٹونسٹ بلرام سے کارٹون بنواتے رہے۔ سالہا سال تک وہ رسالہ 'بیسویں صدی' کے مؤسس کے طور پر اپنی اس معنوی اولاد سے وابستہ رہے۔

خوشترؔ گرامی صاحب کے بارے میں یہ عام خیال تھا کہ ان کا کالم "تیر و نشتر، فکر

تونسوی، ظفر پیامی یا کوئی اور صاحب لکھتے تھے، یہ بھی غلط ہے، خوشتر گرامی صاحب فکر و نظر قلمکار تھے، انہوں نے ۱۹۷۴ء میں اپنے پچیس برسوں میں لکھے گئے 'تیر و نشتر' کا انتخاب کتابی صورت میں شائع کیا تھا جس یں ملک کی متعدد بڑی شخصیات کے بارے میں وہ دلچسپ تحریریں بھی شامل ہیں جو وہ 'قلمی چہرے' کے عنوان سے کارٹونوں کے ساتھ لکھا کرتے تھے۔

اس کتاب میں انہوں نے بڑی سنجیدگی اور عقیدت سے مہاتما گاندھی، پنڈت جواہر لعل نہرو، ڈاکٹر راجندر پرساد، سی راج گوپال آچاریہ، مولانا ابوالکلام آزاد، سبھاش چندر بوس، لالہ لاجپت رائے، سیف الدین کچلو، بھگت سنگھ، مولانا محمد علی جوہر، حکیم اجمل خاں، علامہ اقبال، رابندر ناتھ ٹیگور، اندرا گاندھی اور لال بہادر شاستری کو خراج عقیدت پیش کیا ہے۔ کتاب میں کرشن چندر اور پروفیسر منوہر سہائے انور کے تقریظی مضامین میں خوشتر گرامی کی ادبی اور صحافتی عظمت کا ذکر کیا گیا ہے،

خوشتر صاحب کی سب سے اہم تعریف آنجہانی جسٹس آنند نرائن ملا کا خط ہے جو ان کی ہی تحریر میں کتاب کی پشت پر شائع کیا گیا ہے، جس ملا نے لکھا ہے:

"اردو میں بلند پایہ طنز نگاروں کی کمی نہیں، خوشتر گرامی اس بلند سلسلہ کوہ کی ایک نمایاں اور فلک بوس چوٹی ہیں۔ ان کا طنز محض طنز نہیں بلکہ طنز و مزاح کی آمیزش ہے۔ ایک ایسا منفرد انداز بیاں ہے جس میں کوئی دوسرا ان کا شریک نہیں۔ خوشتر گرامی کے طنز کی ایک نمایاں خصوصیت یہ ہے کہ وہ دریا کو کوزے میں بند کرنے کا گر جانتے ہیں، انہیں طنز پارے کا موجد کہنا غلط نہ ہو گا، خوشتر گرامی زندگی میں ہی روایت بن چکے ہیں، وہ دنیائے ادب کی ایک مخصوص تہذیب بھی ہیں اور ایک شمع راہ بھی، وہ آج کے تعصب زدہ ماحول میں بھی عصمت ادب کے محافظ بنے ہوئے ہیں۔ 'بیسویں صدی، ان کی اولاد

بھی ہے اور ان کی تصویر بھی اور ان کی نہ مٹنے والی یادگار بھی۔"

(آنند نرائن ملا، ممبر راجیہ سبھا)۔

راقم الحروف نے اردو کے اردو ادب کے بہت سے پنجابی عظما کو قریب سے دیکھا ہے۔ اس میں شک نہیں کہ ایک دو کو چھوڑ کر سبھی کشادہ ذہن اور وسیع النظر ملے، لیکن خوشترؔ صاحب کی طرح ہندو مسلم اتحاد کا زبردست حامی اور فرقہ پرستی سے شدید نفرت کرنے والا دوسرا نہیں دیکھا، انھوں نے جن سنگھ، ہندو مہا سبھا اور آر ایس ایس کو زندگی بھر سخت تنقید کا نشانہ بنائے رکھا۔ زندگی کے آخری کئی سال خوشترؔ گرامی نے دہرہ دون میں گزارے۔ وہاں رہ کر بھی وہ 'بیسویں صدی' کیلئے کچھ نہ کچھ کرتے رہتے تھے۔ ۲۸ رجون ۱۹۷۷ء کو انہوں نے رحمان نیر کے نام اپنے خط میں ایمرجنسی کے دوران دہلی کے ترکمان گیٹ میں مسلمانوں کے ساتھ سنجے گاندھی کے وحشیانہ مظالم کے خلاف اپنے خیالات کا علمی اظہا اس طرح کیا ہے: "تیر و نشتر، کارٹون اور 'قلمی چہرہ' بعنوان ترکمان گیٹ ارسال خدمت ہے، ترکمان گیٹ کے موضوع پر آپ نے بہت کچھ پڑھا ہو گا، اسے بھی دیکھئے، یہ ان سب سے جدا بھی ہے اور سنگین بھی۔" (ضیاء الرحمن نیر: حیات و خدمات، مرتبہ ڈاکٹر شمیع افروز زیدی، ص ۲۹۷)۔ ۱۵ جنوری ۱۹۸۸ء کو دہلی میں خوشترؔ گرامی کا انتقال ہو گیا لیکن یہ حقیقت ہے کہ اردو ادب و صحافت کتنی ہی بلند پر پہنچ جائیں خوشترؔ گرامی جیسا عاشق اردو دوبارہ پیدا نہیں ہو سکتا۔

Khushtar Girami - a legendary journalist of 20th century

***

۲

ارمان نجمی - کچھ اپنے بارے میں

ارمان نجمی

اپنے بارے میں کچھ بھی لکھنا میرے لئے ایک مشکل کام ہے۔

میں ادب کا ایک طالب علم ہوں، پڑھتا رہتا ہوں سیکھتا رہتا ہوں، بھولتا رہتا ہوں اور یاد بلکہ مکرر یاد کرتا رہتا ہوں۔ لفظوں کی کائینات سے بساط بھر رشتہ جوڑنے کی کوشش میں کیا پایا اور کیا کیا کھویا اس کا حساب لگانے کی کبھی کوشش نہیں کی۔ ایک تعلیم یافتہ خوشحال گھرانے میں میری آنکھ کھلی۔

نام ڈاکٹر ایس حسن۔ تخلص ارمان رکھا۔ والد صاحب کا نام نجم الحسن تھا اسی مناسبت سے نجمی لکھنا شروع کیا۔ ڈاکٹری کی پیشے سے منسلک ہوا تو اپنی ادبی شناخت الگ سے قائیم کرنے کا خیال آیا۔ تعلیم بی، اس، سی۔ ام بی بی اس۔ ام اس (پٹنہ)۔ پیشے کے لحاظ سے سرجن۔ ایک میڈیکل کالج میں سرجری کے پروفیسر کی حیثیت سے کام کرتا رہا۔ برطانیہ کے ایک اسپتال سے بھی منسلک رہا۔ سعودی عرب کے جنوبی منطقہ صدر مقام جیزان میں خدمات انجام دیں ان دنوں اپنا ایک اسپتال بنوانے کی تگ و دو میں ہوں۔ کام ہوتا نہیں ہے اور میں وقت سے پیچھے پڑتا جارہا ہوں۔

ادب و شاعری سے واسطہ ہوش آنے کے بعد ہی پڑ گیا۔ بچپن میں اردو فارسی کی

تعلیم حسب روایت گھر پر ہی حاصل کی مسدس حالی کم عمری میں ہی تقریباً ازبر ہو گیا تھا۔ اخلاق محسنی، اخلاق جلالی اور انتخاب از شاہنامہ کے ساتھ ساتھ قصص الانبیا آمنہ کا لال اور سیدہ کا لال گھر پر ہی ختم کی۔ اس کے بعد ہی انگریزی کی فرسٹ بک پڑھی، پھر کلرنڈن ریڈر کی جلد اول و دوئم

اسکول میں داخلہ بعد میں ہوا لیکن گھر پر زبان کی تعلیم کا سلسلہ نہیں ٹوٹا۔ فارسی میں مفتاح الترجمہ اور مفتاح القواعد کا سبق ملتا رہا اور ذہن نشیں ہو تا رہا۔ گھر میں مدینہ بجنور نامی اخبار آتا تھا اور غنچہ بجنور نامی رسالہ میری آپا کے لئے جاری تھا۔ ان میں کہانیا ں دلچسپی کے ساتھ پڑھتا رہا۔ ایک اور روزانہ اخبار انجام لاہور بھی ابا کے مطب میں آتا تھا اور کبھی کبھی زمیندار لاہور بھی۔

ادب سے میرا رشتہ جسم و جان کا ہے۔ ابا جان کے دادا ابا مولوی لطافت حسین عربی فارسی کے جید عالم تھے، شاعری نہیں کرتے تھے لیکن یک بیک انکے ذہن کی کایا کلپ ہو گئی اور انھوں نے حضرت وارث علی کی شان میں ایک قصیدہ لکھ بھیجا اسکے بعد وہ ان کی شان میں کلام لکھتے رہے۔ طلبی ہونے کے بعد سفر و حضر میں ان کے ساتھ رہے۔ ان کا مجموعہ کلام طلاطم عشق کے نام سے میرے دادا ابا ڈاکٹر جعفر حسن جو ان دنوں پٹنہ میڈیکل کالج میں فورنسک میڈیسن کے پروفیسر تھے نے ۱۹۲۳ء میں پٹنہ کے کھڈگ ویلاس پریس سے شائع کروایا۔ اس میں حمد و نعت منقبت کے ساتھ غزلیں بھی ہیں جو سب کی سب فارسی زبان میں ہیں۔ میرے ابا کے نانا جان حکیم نظیر حسن کو بھی عربی فاسی پر عبور ھاصل تھا۔ ان کا ایک مطبوعہ رسالہ جو مثنوی مناظرہ نفس کلی بہ نفس جزوی میرے پاس موجود ہے۔ ان کا بہت سا کلام ضائع ہو گیا۔ میرے دادا ابا کبھی کبھی ہم لوگوں کو فی البدیہ اردو کی نظمیں لکھاتے تھے، افسوس کہ وہ سب کچھ تلف ہو گیا۔ صرف ذہن میں چند

مصرعے یا اشعار گونجتے ہیں۔

شاعری میرے لیے روحانی غذا ہے۔ادب کی تمام اصناف کا مطالعہ میرے لئے ضروری رہا ہے اور اب میری عادت میں شامل ہو گیا ہے۔بغیر مطالعہ کے میں زندہ رہنے کا تصور ہی نہیں کر سکتا، ادب اور اپنے پیشے کے مطالعہ سے بھی سیکھتا رہتا ہوں۔شاعری سے رشتہ ہمیشہ ہی قایئم رہا۔شعر کہنا کب شروع کیا یہ تو یاد نہیں لیکن بچپن سے ہی مصرعے موزوں ہونے لگے تھے، جو ایک طرح سے بے اختیاری کا عمل تھا۔اور یہی بے اختیاری مجھ سے اب تک شعر کہلواتی رہتی ہے۔

ہوش و حواس بیدار ہوتے ہی ملک کی تقسیم کے المیہ سے دو چار ہوا۔اس کے پہلے کچھ دنوں میں فسادات کے منحوس سائے میری

یادوں پر ہنوز منڈلاتے رہتے ہیں۔مجھے اچھی طرح یاد ہے کہ ان دنوں آس پاس کے دیہی علاقوں سے میرے گھر اور محلہ میں کئی ایسے لوگ اپنے اہل خانہ کے ساتھ آ کر رہنے لگے جو اپنی جان اور عزت آبرو بچانے کی خاطر اپنے گھروں کو چھوڑنے پر مجبور ہوئے تھے۔ان میں سے کچھ ہم عمر لڑکوں سے میری دوستی بھی ہو گئی تھی، لیکن بعد میں وہ دوسرے دیاروں میں جا بسے۔ان کی صورتیں اور نام آج تک میری یادوں میں محفوظ ہیں۔ان دنوں کی ان کی بے بسی اور عدم تحفظ کا احساس ہنوز مجھے نہیں بھولا ہے۔لیکن ایک اور دکھ میری راہ تک رہا تھا، وہ تھا عزیز و اقارب کی ایک خاصی تعداد کا سرحدوں کے پار نئے ملک کا سفر اختیار کرنا۔دیکھتے ہی دیکھتے وہ گھر آنگن خالی ہو گئے جہاں محبتوں کے چراغ روشن تھے۔زندگی کے منظر نامے کو تیزی سے بدلتے ہوئے میں نے دیکھا۔محبتوں اور رشتوں کو فاصلوں کی نذر ہوتے ہوئے میں نے دیکھا۔لوگ اس طرح دور ہو گئے جیسے ان کا وجود ایک وہم تھا۔اس کا اثر میرے دل و دماغ پر جس طرح ہوا اس نے میرے

سوچنے سمجھنے کے انداز کو ہی بدل کر رکھ دیا۔ ایک اداسی اس طرح میرے اندر بسیرا کئے ہوئے ہے جس کو لفظوں میں بیان کرنا بہت ہی مشکل ہے۔

دوسری جنگ عظیم کے زمانے میں تو میں بہت چھوٹا تھا لیکن اس کی غارت گری اور پچاس لاکھ انسانوں کی موت کا اثر میرے دلِ و دماغ پر اس وقت پڑا جب مجھے اس کے بالواسط نتائج بھگتنے پڑے۔ گرچہ یہ جنگ بیشتر یوروپ میں لڑی گئی لیکن اس کے اثرات جاپان پر ہیروشیما اور ناگاساکی پر جوہری بموں کی بے مثال اور دوررس تباہی کے بعد بھی تابکاری کی پیدا شدہ بیماریوں کی شکل میں ظاہر ہوتے رہے۔

میری شاعری اگر میرے عہد کی نوحہ گری ہے تو اس میں میرا کیا قصور۔ میں بربادی ،غارتگری، ناجایئز فوج کشی،اور خود مختار ملکوں کی مسلسل تاراجگی کا عینی شاہد ہوں۔ ایک اور طرح کی غارت گری جسے لسانی غارت گری کا نام دیا جائے تو بے جا نہ ہوگا وہ ہے جمہوریت کے نام پر ہماری تہذیبی و ثقافتی اقدار کی بیخ کنی۔ میرے گھر کے بچے اپنے اسکولوں میں سب کچھ پڑھ سکتے ہیں لیکن نہیں پڑھ سکتے ہیں تو اپنی مادری زبان اردو۔ یہی نہیں انہیں سنسکرت پڑھنے پر مجبور کیا جا رہا ہے۔۔ آپ اچھے پبلک اسکولوں میں جا کر دیکھ لیجئے آپ پر یہ حقیقت واضح ہو جائے گی۔ ان میں زیادہ تر 'سی بی اس ای' نصاب رائج ہے۔ ویسے اب سینیئر کیمبرج (آئی سی اس ای) کے نصاب والے اسکولوں خاصکر مشن اسکولوں میں بھی یہی صورت حال ہے۔ اور بات بات میں سیکولرزم اور جمہوریت کا ڈھول بجایا جاتا ہے۔ اور سچ کہوں تو میرا اعتماد ہی ان اداروں سے اٹھ گیا ہے۔ اور ہم بھی ہاتھ پہ ہاتھ دئے بیٹھے ہیں اپنے بچوں کو ان کی مادری زبان میں تعلیم دینے سے چشم پوشی کر رہے ہیں۔

میں کسی ازم میں یقین نہیں رکھتا ہوں نہ ان سے وابستہ ہوں۔ ترقی پسندی نے ادب

کو جو کچھ دیا اس کا بھی قائل ہوں اور جدیدیت کے رجحان سے بھی میرے ذہن کو کشادگی ملی ہے اور چیزوں کو دیکھنے اور سمجھنے کے انداز میں تندیلی آئی ہے۔ جراحی

یعنی سرجری کے پیشے سے منسلک ہونے کے باعث مجھے انسانی دکھوں کو قریب سے دیکھنے اور ان کے مداوا کا موقع ملا ہے۔ میری گنہ گار آنکھوں نے فرشتوں کی بھی زیارت کی ہے اور شیطان کو بھی خود کو بے نقاب کرتے ہوئے دیکھا ہے۔

کسی نے کہا ہے کہ میں سوچتا ہوں اس لئے میں ہوں۔ میں اس میں تحریف کرتے ہوئے اتنا کہوں گا کہ میں لکھتا ہوں اسی لئے میں ہوں۔ میں نے غزلیں بھی لکھی ہیں، نظمیں بھی، رباعیات اور دوہے بھی۔ ادھر میرے مضامین اور تبصرے بھی شائع ہو رہے ہیں۔ میں ادب میں ایک اعلیٰ معیار کا طالب ہوں خود سے بھی اور دوسروں سے بھی۔

میری مطبوعات:

مردہ خوشیوں کی تلاش مجموعہ نظم و غزل مطبوعہ ۱۹۸۴

بیاض شب و روز (وزیر آغا کی نو عدد نظمیہ کتابوں کا تفصیلی مطالعہ) مطبوعہ کاغذی پیرہن لاہور

راستے کی بات (مجموعہ غزلیات) تخلیق کار پبلشرس دلی کے زیر اہتمام شائع ہو گیا ہے

افتادگی کے بعد (نظموں کا مجموعہ زیر ترتیب)

نمایاں (غزلوں کا مجموعہ زیر ترتیب)

لفظوں کی کائینات (مضامین کا مجموعہ زیر ترتیب)

ادھر میں نے اپنی نظموں کے انگریزی ترجمے کئے ہیں جو میوز انڈیا (muse india) میں شائع ہوتے رہے ہیں۔ کناڈا سے ہندوستانی شاعروں کی انگریزی نظموں کے ایک انتخاب میں میری چار نظمیں بھی شامل ہیں

میری پرورش و پرداخت اردو فارسی محاورے کے ذریعہ عمل میں آئی ہے لیکن انگریزی زبان نے مجھ پر کئی دریچے کھولے ہیں۔اس کے ذریعے قدیم جیسے مصری، یونانی، رومی و چینی تہذیبوں تک رسائی حاصل ہو سکی ہے، ان کے طرز فکر اور طرز اظہار سے پہچان ہو سکی ہے، اور میں نے ان کی تواریخ اور اساطیر سے بھی رشتہ جوڑا ہے۔ اس کے علاوہ مجھے خود ہندوستان جنت نشان کے ماضی جو ایک نہیں ہے بلکہ اس میں کئی ماضیوں کی موجودگی سے بھی خود کو دریافت کیا ہے۔ کہ ہندوستان صرف ایک ہی نہیں بلکہ کئی زبانوں اور ثقافتوں کا گہوارہ رہا ہے۔ اسکی ثقافت بہت متنوع اور رنگارنگ رہی ہے۔ لیکن پھر بھی اپنی روشن خیالی اور وسعت نگاہی کے باوجود اپنے تہذیبی مظاہر سے میرا جو والہانہ رشتہ ہے وہ کسی دوسری تہذیب سے استوار ہو ہی نہیں سکتا کہ یگانگت کی حس(sense of belonging)سب تہذیبوں کے لئے ایک جیسی نہیں ہو سکتی۔

دوسرے ملک و علاقے ہمیشہ میرے لئے کشش کا باعث رہے ہیں۔ ہر سفر ایک مہم جوئی کا آغاز ہے جو شاعر و ادیب کو دوسرے لوگوں بالخصوص لکھنے والوں کی جائے بود و باش ہی نہیں بلکہ ان کے رہن سہن طور طریقے اور سوچنے کے انداز کو دریافت کرنے کے مواقع بھی فراہم کرتا ہے۔ ایک نئی تہذیب سے آشنائی کئی طرح کے روابط کے نقطہء آغاز کی حیثیت رکھتی ہے کہ اس طرح انسانوں کے درمیان ہی نہیں بلکہ بین الثقافتی اور بین التہذیبی تعامل کی راہیں بھی ہموار ہوتی ہیں۔ ہماری ایک بہت بڑی کمزوری یہ ہے کہ ہم لوگ بغیر جانے بوجھے، بغیر جانچے پرکھے دوسروں کے بارے میں رائے قائم کر لیتے ہیں جو بسا اوقات غلط ثابت ہوتی ہے۔ شنیدہ کے بود مانند دیدہ۔ دیکھ اور پرکھ کر جو علم

حاصل ہو تا ہے وہ درست ہو تا ہے یا اس میں غلطی کا امکان کم رہتا ہے۔ میں نے سفر وسیاحت کے دوران جو کچھ دیکھا ہے انہیں ابھی لکھا نہیں ہے صرف روزناموں ور یادداشتوں کی حد تک محفوظ کر رکھا ہے، لیکن یہ ضرور کہنا چاہوں گا کہ خوبیاں اور خامیاں ہر جگہ ہیں، ہر جگہ انسان ہی بستے ہیں جو خطاونسیان کے پتلے ہیں۔

A short biography of Arman Najmi

***

۳

غالب اور خدا

رؤف خلش

غالب اردو شاعری کے قطب مینار ہیں۔ غالب سے پہلے اور غالب کے بعد اگر کسی کو یہ درجۂ استناد حاصل ہے تو وہ ہیں میر تقی میر اور اقبال۔ غالب زندگی بھر اپنے فارسی کلام پر ناز کیا کرتے تھے لیکن انھیں قبول عام کی سند ملی تو صرف اپنے اردو کلام سے۔ ان کی شاعری کو دو خانوں میں بانٹا جا سکتا ہے۔ آسان شاعری اور مشکل شاعری۔ لیکن اس وقت جو بات ، موضوع گفتگو ہے ، وہ ہے ان کا خدا سے "شکوۂ جور"۔ بلحاظ عقیدہ، وہ اثنائے عشری تھے اور موحد۔

ہم موّحد ہیں ہمارا کیش ہے ترکِ رسوم
مِلّتیں جب مٹ گئیں، اجزائے ایماں ہو گئیں

جدت طرازی، عصری آگہی اور انکشافِ ذات کی آج بات کی جاتی ہے لیکن غالب اردو کا غالباً پہلا باغی شاعر ہے، جس نے اُنیسویں صدی میں یہ ہفت خواں طے کر لئے تھے۔ اُسے اپنے وجود کی اہمیت اور اپنے فن کی عدم پذیرائی کا شدید احساس تھا اور جب یہ احساس کسبِ معاش کی سخت گیری سے متصادم ہو جاتا تو وہ چراغِ پا ہو اٹھتا۔ لیکن اُسے عمر بھر گلہ رہا تو چرخِ کج رفتار سے۔

زندگی اپنی جب اس شکل سے گذری غالبؔ
ہم بھی کیا یاد کریں گے کہ خدا رکھتے تھے

غالب کے کلام میں یہ تضاد بڑا عجیب و غریب ہے کہ ایک طرف تو وہ اپنے رویّے اور مزاج کے اعتبار سے ایک سرکش، ضدی، خوددار عاشق نظر آتا ہے تو دوسری طرف دنیاوی منفعت کی خاطر قصیدہ گو بن کر مصلحت اندیشی کا جامہ بھی اوڑھ لیتا ہے۔ اس کے باوجود خدا سے اس کی شکایت برقرار رہتی ہے۔ غالب کے لب و لہجے اور اندازِ تکلّم میں طنز کی کاٹ اور ظرافت اس کے بوقلمونی مزاج کا خاصہ بن کر ابھرتی ہے۔

سفینہ جب کہ کنارے پہ آلگا غالبؔ
خدا سے کیا ستم و جورِ ناخدا کہیئے ؟

غالب کے اور آج کے عہد میں بعض مماثلتیں پائی جاتی ہیں۔ دونوں عہد ایک زوال آمادہ تہذیب کا منظر پیش کرتے ہیں۔ لیکن اس منظرنامے کو غالب نے جس زاویئے سے دیکھا اور جس انداز میں جزوِ شاعری بنایا وہ آج کے شاعر میں کم کم ہی نظر آتا ہے۔ بات ہو رہی تھی غالب کے خدا سے شکوے کی۔ خدا کی خلّاقیت کے مقابل غالب کی اپنی محدود بساط نے جو غالب پر منکشف تھی، غالب سے یہ شعر کہلوایا ہے۔

نہ تھا کچھ تو خدا تھا، کچھ نہ ہوتا تو خدا ہوتا
ڈبویا مجھ کو ہونے نے، نہ ہوتا میں تو کیا ہوتا

شائد اختر الایمان نے کسی موقع پر بڑے پتے کی بات کہی تھی کہ "غزل، غالب میں اپنا سب کچھ ڈھونڈ چکی تھی یعنی ایسے مضامین جو خیال کی پرواز اور معنی میں سمندر ہوں اور پھر بھی جنھیں دو مصرعوں کے کوزے میں بند کیا جاسکے اور جو زندگی کے ہر پہلو کو محیط کئے ہوئے ہوں، غالب پر ختم ہو گئے تھے"۔

روایت سے انحراف کا رحجان اور فرسودہ اقدار سے بغاوت کے باوصف غالب بعض سماجی اور سیاسی پابندیوں میں جکڑے نظر آتے ہیں۔ اسے غالب کے کلام کی تہہ داری کہیئے کہ جہاں جہاں اس نے شکوۂ خدا کی بظاہر بات کی، اس کی کئی قرأتیں ممکن ہیں۔ جس کی مثبت اور منفی دونوں پہلوؤں پر قیاس کیا جاسکتا ہے۔

ہم کو معلوم ہے جنّت کی حقیقت لیکن
دل کے بہلانے کو غالبؔ یہ خیال اچھا ہے

عام طور پر اس شعر کا یہ مفہوم لیا جاتا ہے کہ غالب جنّت کے قائل نہیں تھے لیکن اس شعر کی ایک قرأت یوں بھی کی جاسکتی ہے کہ جنّت صرف نیکوکاروں کو عطا کی جائے گی اور ہم ٹھیرے گناہگار، لیکن یہ امید ہمارے دل کو بہلائے رکھتی ہے کہ ذرہ برابر بھی ایمان رکھنے کے باعث ہم بھی جنّت کے حقدار ٹھیرائے جائیں گے۔

خالق اور مخلوق کے درمیان عام رویّہ یہ ہے کہ بندہ تمام تر شکر گذار ہوتا ہے اور خدا تمام تر کرم نواز لیکن یہاں بھی غالب ایک نیا نکتہ لے آتے ہیں۔

مجھ کو پوچھا تو کچھ غضب نہ ہوا
میں غریب اور تُو غریب نواز

بنیادی مسلک کے اعتبار سے غالب خدائی کے قائل ہیں اور یہ سوال بھی کرتے ہیں۔

جب کہ تجھ بن نہیں کوئی موجود
پھر یہ ہنگامہ اے خدا کیا ہے؟

صوفیوں کی اصطلاح "وحدت الشہود" کے مطابق وہ درجہ جس میں جلوۂ حق ہر شئے میں نظر آئے، غالب کے ہاں دیکھئے، کس ڈھنگ سے آیا ہے۔

دلِ ہر قطرہ ہے سازِ انا البحر

ہم اس کے ہیں ہمارا پوچھنا کیا

اس کے علی الرغم، ایک اور اصطلاح "وحدت الوجود" کے مطابق تمام موجودات کو خدا ہی کا ایک وجود ماننا غالب کے ہاں دیکھئے، کس شکل میں ملتا ہے۔

اسے کون دیکھ سکتا کہ یگانہ ہے وہ یکتا
جو دوئی کی بُو بھی تو کہیں دوچار ہوتا

یا پھر یہ شعر۔

دہر جُز جلوۂ یکتائی معشوق نہیں
ہم کہاں ہوتے اگر حسن نہ ہوتا خود میں

شاعر کوئی مصلح قوم یا پیامبر نہیں ہوتا، اس کے باوجود سچّے اور اچّھے شاعر کا فرض منصبی اس کی فکر کو احساس کی بھٹی میں تپاتا ہے اور اس سے ایسے شعر کہلواتا ہے جو معاشرے کے رِستے ناسور پہ نشتریت کا کام کرتے ہیں۔ جب غالب کہتے ہیں۔

ابن مریم ہوا کرے کوئی
میرے دُکھ کی دوا کرے کوئی

تو وہ ایک ایسے "مسیحا" کی تلاش میں سرگرداں ہیں جو کہ ان کے دکھوں کا علاج کر سکے۔ ابن مریم کے بھی وہ اسی شرط پر قائل ہیں۔ تشکیک کی یہ منزل، وہی منزل ہے جس کو اقبال نے "لا" کے بعد "اِلاّ" کی منزل سے تعبیر کیا ہے۔

لبالب شیشۂ تہذیب حاضر ہے مئے لا سے
مگر ساقی کے ہاتھوں میں نہیں پیمانۂ اِلاّ!!!

یعنی اگر کوئی منکرِ خدا ہے تو بھلے ہی مظاہرِ کائنات اُسے خدا کے وجود کا احساس نہ دلائیں، تاہم واقعات نفس الامری کا مشاہدہ اسے وجدان کی اس سطح پر لے آتا ہے جہاں

غالب جیسا باغی شاعر کہہ اٹھتا ہے۔

ایماں مجھے روکے ہے تو کھینچے ہے مجھے کفر
کعبہ مِرے پیچھے ہے کلیسا مِرے آگے!

غالب نے شاعری کے پردے میں کچھ ایسے نکتے بیاں کئے ہیں کہ یہاں "تشکیلِ الٰہیات" کے ضمن میں ان کی ژرف نگاہی کو تسلیم کئے بغیر رہا نہیں جاتا۔ وہ اندھیرے میں تیر چلانے یا یا اٹکل پر یقین رکھنے کے بجائے قرآنی اصطلاحوں "تدبّرون"" تفکرّون "اور "تشکرّون" سے کام لیتے ہیں۔ یہیں خدا کی مختاری اور بندے کی مجبوری کی حد جاری ہوتی ہے۔ جس کے لئے میر نے کہا تھا۔

ناحق ہم مجبوروں پر یہ تہمت ہے مختاری کی
چاہتے ہیں سو آپ کرے ہیں، ہم کو عبث بدنام کیا

دراصل جبر و قدر کا مسئلہ اس قدر متنازعہ فیہ رہا ہے کہ قرونِ وسطیٰ میں جبریئے اور قدریئے دو طبقے وجود میں آئے۔ پہلا طبقہ یہ مانتا تھا کہ انسان مجبور محض ہے جبکہ دوسرا طبقہ اس بات کا قائل تھا کہ انسان کو اپنے اعمال کے کرنے یا نہ کرنے پر قدرت حاصل ہے۔ غالب تقدیر کے قائل ہیں لیکن خدا سے انھیں یہ بھی شکوہ ہے کہ جو غم ان پر لادا گیا ہے، اس کے لئے ایک دل متحمل نہیں ہو سکتا۔

میری قسمت میں غم گر اتنا تھا
دل بھی یارب کئی دیئے ہوتے

اقبال قوم کی بے عملی کو دیکھتے رہنے کے باوجود خدا سے شکوہ کر بیٹھے۔ جس پر انھیں ملحد، کافر، اور کرسٹان کے القاب سے نوازا گیا۔ یہ اقبال کی دور اندیشی تھی کہ ان کے قلم سے "جوابِ شکوہ" جیسی نظم نکلی۔ جس نے معترضین کے منھ بند کر دیئے۔

اب اسے وقت کا جبر کہیئے کہ غالب نے اپنے اظہار کے لئے شاعری کو منتخب کیا جو ان ہی کے الفاظ میں ذریعۂ عزت نہیں تھی۔

سو پُشت سے ہے پیشہ آبائسپہ گری
کچھ شاعری ذریعۂ عزت نہیں مجھے

غالب آزادہ رو ہوتے ہوئے صلح کُل مسلک رکھتے ہیں۔ بُری قسمت کا احساس رکھتے ہوئے طبیعت بُری نہیں کرتے۔ منصب و ثروت سے محرومی بھی ہے اور بادشاہِ وقت کی غلامی کو اپنے لئے مشرف گردانتے ہیں۔

کیا کم ہے یہ شرف کہ ظفر کا غلام ہوں
مانا کہ جاہ و منصب و ثروت نہیں مجھے

غالب کی شاعری میں خدا کے قادر المطلق ہونے کا منطقی جواز تو مل جاتا ہے، تاہم قدرتِ کاملہ سے اپنی جبریت کا تصادم اُن سے ایسے شعر بھی کہلواتا ہے۔

پکڑے جاتے ہیں فرشتوں کے لکھے پر ناحق
آدمی کوئی ہمارا دمِ تحریر بھی تھا؟

یا پھر یہ شعر۔

ناکردہ گناہوں کی بھی حسرت کی ملے داد
یارب اگر ان کردہ گناہوں کی سزا ہے

اقبال نے اس مرحلہ پر اپنے حوصلے اور اپنی خودی کو ان الفاظ میں ڈھال دیا تھا۔

فارغ تو نہ بیٹھے گا محشر میں جنوں میرا
یا اپنا گریباں چاک، یا دامن یزداں چاک

ہر چند کہ غالب کے ہاں عقائد کا کوئی منضبط نظامِ فکر نہیں ملتا، تاہم دیوان میں جگہ

جگہ "شکوہ اللہ سے خاکم بدہن ہے مجھکو" کے مصداق قابل لحاظ مواد مل جاتا ہے۔ جس کی بنا پر یہ کہا جاسکتا ہے کہ غالب بیک وقت صوفیانہ، فلسفیانہ اور شاعرانہ شہ نشین پر متمکن نظر آتے ہیں اور جو فکر غالب نے اختیار کی وہ اپنے عہد کی دانشورانہ فکر سے ہم آہنگ تھی اور جس کی روشنی میں "غالب اور خدا" کے موضوع کو صاف صاف دیکھا اور پرکھا جا سکتا ہے۔

اپنی وفات سے کچھ دن پہلے غالب جو شعر دہراتے رہتے تھے وہ "خود سپردگی" کی ایک اچھی مثال ہے۔

دمِ واپسیں بر سرِ راہ ہے
عزیزو اب اللہ ہی اللہ ہے

Ghalib and God. Essay: Raoof Khalish

***

۴

حاشیائی آبادیاں اور اردو ادب

صفدر امام قادری

جمہوریت نے استحصال کے پنجوں سے عہدِ نو میں جب اپنا نیا رول سوچا، اس وقت جاگیردارانہ سماج سے پسپا ہوئیں آبادیوں کے گوناگوں مسائل ابھر کر سامنے آنے لگے۔ ان میں سب سے اہم مسئلہ ان حاشیائی آبادیوں سے تعلق رکھتا تھا جنھیں سماج نے کبھی وہ جگہ فراہم نہیں کی جہاں وہ عام انسانی درجے کو حاصل کر سکیں اور روٹی، کپڑا اور مکان کی سطح بھی حتمی طور پر پا سکیں۔

گذشتہ دو سو برسوں میں پوری دنیا میں جو انقلابات سامنے آئے یا اپنے حقوق کی بازیابی کے لیے جس قدر بھی جنگیں لڑی گئیں، ان میں دیہی عوام، خواتین، پسماندہ اور دلت آبادیاں اور اقلیت کے فرزندان سے متعلق مسائل مرکزی اہمیت رکھتے تھے۔ کہنا چاہیے کہ نئی دنیا میں انصاف اور مساوات کے لیے جو خواب اور تمنّائیں پیدا ہوئیں، ان میں انھیں حاشیائی آبادیوں کی زندگی کا درد اور سوز و ساز پوشیدہ ہے۔

شعر و ادب کے بارے میں جب ہم یہ دعویٰ پیش کرتے ہیں کہ یہ ہماری زندگی کا آئینہ ہے تو گذشتہ دو صدیوں میں لازماً ان حاشیائی آبادیوں کے درد و داغ بھی ادب کا بنیادی حصّہ بنے ہوں گے۔ دنیا کے ہر گوشے میں جب یہ بات تسلیم شدہ ہے کہ ادب

انسان کے ضمیر کی آواز ہے اور دنیا میں جہاں جہاں ظلم اور بے انصافی موجود ہے، وہاں ادب انسانی ضمیر کی آواز بن کر آزادی اور انصاف کی طلب میں احتجاج اور انقلاب کی شکل میں سامنے آتا ہے۔

انگریزوں نے جب اس مُلک پر پنجہ گڑایا، شعر وادب کے ماہرین نے ان سے قلم و قرطاس کی سطح پر مقابلہ کیا۔ جنگِ آزادی کے رہنماؤں میں سے اکثر ایسے ہیں جنہوں نے انگریزوں سے قلم سے بھی لڑائی لڑی۔ ابوالکلام آزاد، حسرت موہانی، مولانا محمد علی جوہر، ظفر علی خاں، جوش ملیح آبادی وغیرہ نے یا حالی، شبلی، اکبر الہ آبادی اور علّامہ اقبال؛ سب کے سب ہندستان کی آزادی اور ظلم سے مقابلہ آرائی کے لیے ہماری زبان کا استعمال کررہے تھے۔ نثر نگاروں میں پریم چند کی تو مکمل یہی شناخت ہے کہ وہ آزادی کی جنگ اپنے افسانوں اور ناولوں کے سہارے لڑ رہے تھے۔

آزادی کے بعد انگریزوں سے جدوجہد کا سلسلہ تو ختم ہوا لیکن ملک میں ہزار طرح کے مسائل تھے جن سے عوامی زندگی نبرد آزما تھی۔ مسائل نئے نئے طریقوں کے سامنے آرہے تھے اور استحصال کا پنجہ نئی شکلوں میں سامنے دکھائی دے رہا تھا۔ اب حاشیائی آبادی کی پہچان اور ان کے حالات سے باخبری اور بالآخر انہیں استحصال سے نجات کے دروازے تک پہنچانے کی ذمّے داری جس طرح سیاست دانوں کی تھی، اُسی طرح شاعروں اور ادیبوں کی تھی۔ آخر اس جمہوری نظام میں کمزور اور پسماندہ زندگیوں کی کون پشت پناہی کرے گا۔ ہمارے شعرا اور ادبا پر آزادی کے بعد ایک بڑی دانش ورانہ ذمّے داری عائد ہوئی اور آزادی کے بعد ہمارا ادب ایک نئے رجحان کے ساتھ ابھرا۔

شاعری کی ایمائیت کے مقابلے نثر کی اختصاصی گفتگو سے نئی حقیقتوں کی ادبی ترجمانی ذرا شفّاف طریقے سے سامنے آتی ہے۔ ڈراما، داستان، افسانہ اور ناول ادب کی وہ

اصناف ہیں جن میں انسانی زندگی کی تفصیلات، دکھ اور درد، غم اور خوشی کے نہ جانے کتنے مفاہیم ہیں جن کی صراحت کے ساتھ ترجمانی ملتی ہے۔ کہنے کو یہ فسانے ہیں لیکن حقائق کا ایسا مستحکم پس منظر ہوتا ہے جس کی وجہ سے ہمارا پورا عہد اپنے دھڑکتے ہوئے دل کے ساتھ اس ادب میں موجود ہوتا ہے۔ شاید یہی وجہ ہو کہ رفتہ رفتہ ہمارا فکشن عہدِ جدید کی شفّاف ترجمانی کے لیے بیش از بیش اعتبار حاصل کرنے میں کامیاب رہا ہے۔

آزادی کے بعد جمہوریت کے استحکام نے بے آواز عوام کو ادب اور سیاست کی زبان عطا کر کے ایک نئ صورتِ حال پیدا کی۔ زمین داری اور غلامی سے تو ہندستانی عوام کسی طرح نکل چکے تھے لیکن نئے عہد نے پھر سے ایک اونچ نیچ کا ماحول بنایا۔ غربت اور پسماندگی کی ایسی مثالیں قائم ہوئیں جن سے ہماری بے چینی اور اضطراب میں یگ گونہ اضافہ ہوا۔ عدم تشدّد کے پیروکاروں نے انصاف کی طلب میں تشدّد کو بھی جان میں اتارا لیکن بے امانی اب بھی مقدر کا سپاہی بنی ہوئی ہے۔ ترقی اور عدم ترقی، ہار اور جیت اور حکومت و بدانتظامی کی ایک ایسی ملی جلی کیفیت ہے جس میں ہماری قومی زندگی کا نیا گھماسان دیکھنے کو ملتا ہے۔

اردو ادب نے ہماری قوم کو انقلاب زندہ باد سکھایا۔ سرفروشی کی تمنّا ہم نے یہیں سے اپنے دلوں میں اتاری۔ آج کے شعرا اور افسانہ نگار ہمارے پیش رووں سے زیادہ مشکل حالات میں اپنا ادبی سفر جاری رکھنے کا مجاہدہ کر رہے ہیں۔ پہلے حق اور باطل صاف صاف دکھائی دیتے تھے لیکن آج دھندلکا اتنا گھنا ہے کہ حقیقت اور گمان ایک دوسرے میں مل گئے ہیں۔ اس لیے جو دکھائی دے رہا ہے، اس میں سچ کیا ہے اور جھوٹ کتنا شامل ہے، یہ کسی کو ٹھیک طریقے سے سمجھ میں نہیں آ رہا ہے۔

پریم چند نے ترقی پسند کانفرنس کے خطبۂ صدارت میں کہا تھا کہ ادب سیاست کے

آگے آگے چلنے والی مشعل کی طرح ہے۔ ایسا لگتا ہے کہ یہ ذمّے داری آج ہر ادیب اور شاعر کے سامنے سوال کی طرح سے ہے۔ آج رہ رہ کر معاشرے میں انصاف اور مساوات کی پامالی کا تذکرہ سننے میں آتا ہے۔ ادب اور خاص طور پر فکشن کا موجودہ منظر نامہ اس معاملے میں کتنا حسّاس اور بااثر ہے، اسے پرکھنے کی خاص ضرورت ہے۔ آج کا ادب کسی تحریک کے زیر اثر نہیں لیکن کیا وہ انسانی مسئلوں اور اپنی آنکھوں کے سامنے بکھری ہوئی دنیا سے موضوع و مواد اخذ کر رہا ہے؟

کیا یہ ہمارے لیے سر جوڑ کر بیٹھنے کا موقع نہیں کہ مظلومین کی فہرست طویل تر ہوتی جا رہی ہے اور ہماری سرگرمیاں کسی سستی کا شکار ہیں یا ہم فصیل وقت کی شاہ سرخیوں کو اَن دیکھا تو نہیں کر رہے ہیں؟ ادب زندگی کو اس کے دکھوں سے نجات دلانے کا ذریعہ ہے لیکن اسے پہلے اس کی تشخیص تو کر لینی چاہیے کہ زخم کہاں کہاں ہے اور اسے مرہم بھی کہاں کہاں لگانا ہے۔ انسانی زندگی کو کب تھپکیاں دینا ہے اور کب اس میں انقلاب کی شعلہ سامانیاں پیوست کرنی ہیں۔

غربت زدہ عوام، پس ماندہ طبقہ، خواتین، دیہی زندگیاں، دلت آبادی اور اقلیت طبقہ ایسی جماعتیں ہیں جنہیں جمہوریت کی ترقی کے باوجود زندگی میں نہ برابری کا ذائقہ حاصل ہوا اور نہ ان کے خواب شرمندۂ تعبیر ہوئے۔ انہیں آزادی بھی ادھوری ملی اور زندگی بھی ادھوری ہی رہ گئی۔ ان کے زخم اور آنسوؤں پر ہمارا شعر و ادب ہی مرہم لگا سکتا ہے۔ ہمارا ادب انہیں نئی زندگی کی خوابناک منزلوں تک پہنچا سکتا ہے۔ آج کا ادب کس حد تک ان حاشیائی آبادیوں کا مداوائے غم بن سکا ہے، اس کا احتساب اور آئندہ کا تناظر سمجھنا ہمارا بڑا فریضہ ہے، اسی لیے انجمن ترقیِ اردو، بہار کے زیرِ اہتمام "ہم عصر اردو فکشن میں حاشیائی آبادیوں کے یادگار کرداروں کی عکاسی" عنوان سے ایک قومی سیمینار کا انعقاد

کیا گیا ہے۔

پچیس، چھبیس فروری ۲۰۱۴ء کے دوران قومی اہمیت کے درجنوں نقاد، فکشن نویس، ماہرینِ لسانیات اور تحقیق کار سر جوڑ کر بیٹھیں گے اور اپنی زبان کے کارناموں کا احتساب کریں گے۔

Marginal community & Urdu literature. Essay: Safdar Imam Quadri

***

۵

اردو ہے جس کا نام۔۔۔

شاہد الاسلام

اردو زبان کے شیدائیوں کیلئے آج جشن کا دن ہے ؟ ہمیں نہیں معلوم مگر ہم نے برسوں سے یہ روایت ضرور دیکھی ہے کہ شاعر مشرق علامہ اقبال کے یوم ولادت کی مناسبت سے اردو برادری اُردو کا مرثیہ ہی نہیں پڑھتی بلکہ اِس کی عظمت اور مقبولت کا خواہ مخواہ ڈنکا بھی بجاتی ہے۔ کچھ لوگ یہ کہتے ہیں کہ دراصل یہی وہ دن بھی ہے، جب اردو کے ادیبوں، شاعروں، دانشوروں اور مفکروں کو بزم سجانے اور اردو کی کسمپرسی کا قصہ بیان کرنے کا بہترین موقع دے دیا جاتا ہے۔ اگر یہ سچ ہے تو پھر ہمیں ذرا بھی حیرت نہیں ہو گی، اگر ایک بار پھر محبان اردو آج مجمع لگائیں اور حسب روایت اردو کے ماتمی اجلاسوں کے انعقاد کے ذریعہ اردونوازی کا دَم نہ بھریں کیونکہ یہ دن اُن کا ہے! البتہ یہ سوال ضرور کھڑا ہو جاتا ہے کہ "یوم اردو" اردووالوں کی عیاریوں، مکاریوں، فریب کاریوں اور اردو کے تئیں اُن کی تمام تر بداعمالیوں پر پردہ ڈالنے کا ذریعہ ہے یا پھر اردو کے حق میں نعرے بازیوں سے دو قدم آگے بڑھ کر خود احتسابی کا ایک موقع اور عملی دنیا آباد کرنے کا وسیلہ ؟

یوم اردو کے انعقاد کے جواز پر کوئی تبصرہ کئے بغیر ہم یہ ضرور کہنا چاہیں گے کہ

اردو زبان بہ حیثیت مجموعی زوال کے دور سے گزر رہی ہے اوراس کی دنیا بہ سرعت تمام محدود ہوتی چلی جارہی ہے۔ 'اُردوادب' اور 'اردو زبان' کی دنیا چونکہ الگ الگ ہے، اس لئے ادب اور زبان کی نشو ونما کا عمل بھی الگ الگ انداز میں جاری ہے، جس کے فرق کو سمجھے بغیر گفتگو کے سلسلے کو دراز کیا جانا مناسب نہیں۔ اردو ادب اگر عروج کی راہ پر گامزن ہے؟ تو اس سوال کا جواب یقیناً ادیب اور نقاد زیادہ مناسب انداز میں ہی دیں گے لیکن اردو زبان کی صورتحال کیا ہے، اِس سوال کا جواب اردو کا ہر وہ طالب علم دینے کا مجاز کہلا سکتا ہے، جو اس زبان سے واقف ہو اور زبان کے فروغ کی صورتحال کا مشاہد ہو۔ چنانچہ جب ہم اردو زبان کے ایک طالب علم کی نگاہ سے اردو زبان کی نشو ونما کو دیکھنے کی کوشش کرتے ہیں تو ادب کے بر خلاف 'اردو زبان' اور 'اردو صحافت' زوال کی راہ پر گامزن دکھائی دینے لگ جاتی ہے۔ چنانچہ مشاہدے کی بنیاد پر یہ رائے قائم کر سکتے ہیں کہ اُردو زبان اگر زندہ ہے تو اِس میں فضل خداوندی کا کمال ہے یا پھر اسے اردو کی کرشمہ سازی کا عرفان کہہ لیجئے کہ تمام تر نامساعد حالات کے باوجود یہ زبان سخت جان واقع ہوئی اور اردو کے نمک خواروں کو منہ چڑھانے پر مجبور بھی کہ " دیکھو تمہاری عیاریوں اور مکاریوں کے باوجود ہم زندہ ہیں!۔

ایک زمانہ وہ تھا جب حضرت داغ نے اس زبان کی غیر معمولی مقبولت کا نقشہ کھینچتے ہوئے کہا تھا کہ

اردو ہے جس کا نام ہمیں جانتے ہیں داغ
ہندوستان میں دھوم ہماری زباں کی ہے

اور ایک زمانہ وہ بھی آیا جب اُردو سیاست کی قربان گاہ پر بھینٹ چڑھادی گئ اور نتیجہ یہ سامنے آگیا کہ اردو مذہباً مسلمان بن گئی! یہ صورتحال اُن اردو نوازوں کیلئے باعث

اذیت بھی بن گئی، جنہوں نے "محبت" کی علامت سمجھ کر اردو کو گلے لگایا ہوا تھا اور جن کا دین ودھرم یہ تھا کہ زبان کا کوئی مذہب نہیں ہوتا لیکن جب پھر بھی اردو کو مسلمان بنادیا گیا تو صدا امبالوی جیسے شاعر کو یہ کہنے پر مجبور ہونا پڑ گیا کہ

اپنی اردو تو محبت کی زباں تھی پیارے
اب سیاست نے اسے جوڑ دیا مذہب سے

حقیقت یہ نہیں ہے کہ اُردو اب صرف مسلمانوں کی زبان بن گئی، بلکہ تلخ سچائی یہ بھی ہے کہ اُن مسلمانوں نے بھی اُردو زبان کو اپنے گھر سے بے گھر کر دیا ہے جن کے یہاں کبھی اُردو زبان کو سکہ رائج الوقت کا درجہ حاصل تھا۔ کہا جاسکتا ہے کہ وطن عزیز کی تقسیم کے فوراً بعد اردو کیلئے عرصہ حیات تنگ کرنے کی جو شعوری کوشش کی گئی، اُس میں خود ہماری حکومت بھی کہیں نہ کہیں شریک رہی، جس کا واضح ثبوت یہ بھی ہے کہ ملک کی سب سے بڑی ریاست اتر پردیش میں اردو کی جڑیں کاٹنے کیلئے باضابطہ ایک حکم نامہ جاری کیا گیا، جس کے تحت اردو کی تعلیم کا برسوں پرانا روایتی نظام قصۂ پارینہ بن گیا اور نتیجتاً وہ گہوارۂ علمی جہاں چراغ اردو مسلسل روشن رہا کرتا تھا، خزاں رسیدہ بن گیا۔

اردو بہ حیثیت زبان آج کس حد تک زندہ ہے اوراس کی بارگاہ میں حاضری دینے والے کون لوگ ہیں، یہ تجزیہ کا بہت بڑا موضوع ہے، کیونکہ عمومی طور پر جب ہم صورتحال پر ایک طائرانہ نگاہ دوڑاتے ہیں تو اندازہ یہی ہوتا ہے کہ متوسط طبقہ کی مسلم آبادی سے تعلق رکھنے والی نئی نسل بھی فی زمانہ اردو سے بے گانہ ہوچکی ہے، جبکہ فی زمانہ غیر مسلم اردو آبادی کا اب کہیں کوئی نام و نشان ہے ہی نہیں جہاں اردو بہ حیثیت زبان فروغ پارہی ہو۔ ایسے ماحول میں جبکہ مابعد آزادی غیر مسلم اردو والوں نے فرض سے

فرار اختیار کیا اور موقع کی نزاکت کو سمجھتے ہوئے اردو کے کاز کو اپنا مسئلہ نہیں سمجھا، یہ سوال بھی کھڑا ہو جانا فطری ہے کہ کیا ہندوستان میں غیر مسلم اردو آبادی کا کہیں کوئی تصور موجود ہے؟ اردو میں آج بھی غیر مسلم قلم کاروں کی موجودگی ہمیں دیکھنے کو مل جاتی ہے، مگر غیر مسلم عوام جو کہ اردو سے متعلق ہو اور جسے ہم "غیر مسلم اردو آبادی" کہہ سکیں، شاید ایسا معاشرہ اب ڈھونڈنے سے بھی ہمیں نہیں مل سکتا کیونکہ یہ ایک بہت بڑی اور کڑوی حقیقت ہے کہ آزادی کے بعد کے تبدیل شدہ منظر نامہ میں غیر مسلم عوام نے اردو زبان سے خود کو اس طرح دور کر لیا کہ عوامی سطح پر اردو زبان مسلم حلقے میں سمٹتی چلی گئی۔ چنانچہ بہ حیثیت زبان اردو اب پسماندہ مسلمانوں کی زبان قرار پا چکی ہے، جس کو بہ ظاہر جھٹلانے کی کوشش ہو رہی ہے۔

'یوم اردو' کا انعقاد اور اِس موقع سے منعقد ہونے والی تقاریب میں اردو زبان کے تحفظ سے متعلق کئے جانے والے قول و قرار کی عملی جہت کیا ہے، یہ بھی قابل غور اور لائق تجزیہ موضوع ہے لیکن اس مسئلہ پر اظہارِ خیال سے قبل ہمیں یہ بھی دیکھنا ہو گا کہ اردو زبان کا عصری منظر نامہ کیا ہے؟ کسی بھی زبان کا تحفظ اور اس کی بقاء اس وقت تک ممکن نہیں، جب تک کہ اس زبان کا تعلیمی نظام چست اور درست نہ ہو۔

جب اس ضمن میں صورتحال کا جائزہ لینے کی کوشش کی جاتی ہے تو مایوسی اور محرومی چہار سو اپنے وجود کا احساس دلاتی ہے۔ آج کے تعلیمی منظر نامہ پر نگاہ دوڑانے اور عصری تعلیم گاہوں پر ایک نگاہ دوڑانے کے بعد یہ حقیقت واضح صورت میں ابھر کر سامنے آجاتی ہے کہ ملک بھر میں پرائمری اور ثانوی سطح پر اردو زبان کا تحفظ ممکن نہیں ہو پا رہا ہے۔ بالفاظ دیگر یہ کہا جا سکتا ہے کہ اردو زبان کی تعلیم کیلئے کوئی ایسا معقول بندوبست

نہیں کیا جاسکا ہے، جس سے اردو کے بقاء کی صورت پیدا ہو سکے۔ مثلاً اُن طلباء کیلئے ابتدائی اور ثانوی تعلیم کے شعبوں میں حصول تعلیم کے مواقع موجود نہیں ہیں، جو اردو کو باضابطہ ذریعہ تعلیم بنانے کے خواہشمند ہوں۔ یہاں اُن چند اردو اسکولوں کا تذکرہ نہیں کیا جارہا ہے، جہاں اردو ذریعۂ تعلیم کی سہولت دستیاب ہے بلکہ اُن تعلیم گاہوں کا عمومی طور پر تذکرہ کیا جارہا ہے، جو ریاستی حکومت کے ذریعہ چلائے جارہے ہیں یا جن کی براہ راست سرپرستی مرکزی حکومت کررہی ہے۔ خصوصاً سنٹرل اسکولوں میں وغیرہ میں اردو کی تعلیم کی گنجائش ہے آیا نہیں، یہ لائق تجزیہ ہے۔

اس پس منظر میں یہ کہا جاسکتا ہے کہ پرائمری اور ثانوی سطح پر عمومی منظر نامہ میں اردو کیلئے کوئی جگہ باقی نہیں رکھی گئی ہے۔ اسے المیہ ہی کہا جاسکتا ہے کہ ابتدائی اور ثانوی سطح پر باضابطہ اردو کی جڑیں کاٹ دی گئیں اور ظاہری طور پر اردو والوں کی تسکین کا سامان فراہم کرانے کیلئے اعلیٰ تعلیمی اداروں میں اردو کی باضابطہ تعلیم کا بندوبست کیا گیا۔ اردو کے روشن خیال طبقہ میں بھلے ہی یہ صورتحال اطمینان بخش قرار پائی لیکن اس مسلمہ سچائی سے انکار یا فرار کی گنجائش نہیں کہ چونکہ ابتدائی اور ثانوی سطح پر اردو کیلئے کوئی گنجائش باقی نہیں رکھی گئی، اس کی بنا پر اعلیٰ تعلیمی اداروں کے فارغ التحصیل طلبا علمی لحاظ سے اعلیٰ صلاحیت کے مالک بن کر سامنے نہیں آسکے۔ اس کا نتیجہ کچھ یوں سامنے آتا گیا کہ بڑی بڑی ڈگریاں اور اسناد رکھنے کے باوجود اردو کا ایک ایسا خواندہ معاشرہ وجود میں آتا گیا جس کی علمی صلاحیت اور لیاقت پر سنگین نوعیت کے سوالات قائم کئے جاسکتے ہیں لیکن ستم ظریفی یہ بھی رہی کہ آگے چل کر "اردو خواندہ معاشرہ" کی ترجمانی کرنے والے "اہل علم" مختلف یونیورسٹیوں میں پہلے بحیثیت لیکچرار مقرر کئے گئے اور بعد ازاں

شعبہ ہائے اردو کے صدور کے طور پر بھی ان کی تقرریاں عمل میں آگئیں۔

اردو کے ممتاز دانشور شمس الرحمن فاروقی کا یہ خیال صدفیصد درست معلوم ہوتا ہے جس میں انہوں نے اس قلق کا اظہار کیا ہے کہ "یونیورسٹی کے اردو شعبوں میں انہی جاہل طالب علموں کی بھرتی بطور استاد شروع ہوئی پھر ان اساتذہ کے شاگردوں کی کھیپیں تیار ہونا شروع ہوئیں اور جاہل در جاہل کا یہ سلسلہ اب خدا جانے کب رکے۔ یونیورسٹیوں کے اردو شعبوں میں برسرکار اساتذہ جہلا کی چوتھی نسل ہیں۔"

ہوسکتا ہے کہ شمس الرحمن فاروقی کا یہ تلخ تبصرہ اردو کے موجودہ اساتذہ کرام کو ناگوار گزرے لیکن سچ اس حقیقت کی چغلی کھا رہی ہے کہ فی زمانہ مختلف یونیورسٹیوں کے ذریعہ درس و تدریس کے حوالہ سے اردو کی بقا کیلئے جو خدمات انجام دی جا رہی ہیں، وہ سوالات کے گھیرے میں ہے۔ البتہ یہ ضرور کہا جاسکتا ہے کہ جس طرح کوئلوں کے درمیان سے ہیرا تلاش کیا جانا ناممکن نہیں ہوا کرتا ٹھیک اسی طرح یونیورسٹیوں کے فارغ التحصیل طلبا کے درمیان چند ایسے ہونہار اور باکمال دانشور یا اسکالر ضرور سامنے آرہے ہیں جن کی علمی صلاحیتوں پر آج بھی اردو معاشرہ فخر کرسکتا ہے لیکن ایسے ہونہار اور باکمال فارغین کی تعداد یقیناً آٹے میں نمک کے برابر ہے۔

اردو پر قسطوں میں ستم ڈھایا گیا اور ارباب اقتدار و صاحبان سیاست نے وقتاً فوقتاً اردو کشی کا عملی ثبوت بھی دیا، یہ ایک مسلمہ سچائی تو ہے لیکن اسے مکمل سچ ہرگز نہیں کہا جاسکتا۔ کیونکہ جب ہم اردو معاشرہ کی بے حسی پر ایک طائرانہ نگاہ دوڑاتے ہیں اور آزادی کے بعد کے مختلف ادوار کا جائزہ لیتے ہیں تو یہ حقیقت واضح شکل و صورت میں سامنے آجاتی ہے کہ اردو کی مٹی پلید کرنے میں خود اردو والے بھی نہایت خلوص کے

ساتھ ہاتھ بٹاتے رہے۔ صرف یہ کہہ کر جان چھڑانے کی گنجائش نہیں نکلتی کہ اردو کے تعلق سے ارباب اقتدار یا سیاستدانوں کا رویہ منافقانہ یا دشمنانہ رہا بلکہ اس بات کا تجزیہ بھی کیا جانا ناگزیر معلوم ہوتا ہے کہ اردو کو زندہ در گور کرنے کی جو کوششیں عہد بہ عہد کی جاتی رہیں، ان میں اردو والوں کا رول کیا رہا۔ ظاہری طور پر جو نکتہ ابھر کر سامنے آتا ہے، اس سے اس حقیقت کی قلعی کھل جاتی ہے کہ اردو کا جو طبقہ اشرافیہ کسی زمانہ میں زبان کی ترویج و ترقی کے حوالہ سے ہراول دستہ میں شمار ہوا کرتا تھا، اس نے تبدیل شدہ منظر نامہ میں نہایت ایمانداری کے ساتھ اس منافقانہ روش پر آگے بڑھنا ضروری سمجھ لیا کہ:

"اردو کو حصول آمدنی کا ذریعہ تو بنایا جائے لیکن خود اپنے معاشرہ میں بھی اردو کی ترویج و ترقی کی کوشش نہ کی جائے"۔

آج کے اردو معاشرہ پر نگاہ دوڑانے کے بعد یہ حقیقت اپنے سیاق وساق کے ساتھ سامنے آجاتی ہے کہ اردو کے وہ اتالیق جو مختلف دانش گاہوں میں شعبۂ اردو کی سرپرستی کا بھی فریضہ انجام دیتے رہے ہیں، خود ان کے بچے اور بچیاں بھی اردو رسم الخط سے ناواقف اور نابلد ہیں ۔ فرد خاص پر کسی طرح کی الزام تراشی کے بغیر یہ ضرور کہا جاسکتا ہے کہ اردو کی سربرآوردہ شخصیتوں نے اردو زبان کی ترقی کا معاملہ مفلوک الحال اردو معاشرہ پر پوری طرح چھوڑ دیا اور اس طرح اردو عملاً مسلمانوں کے مفلوک الحال طبقہ کی نمائندہ زبان بن کر رہ گئی۔ آج بھروسہ کے ساتھ یہ کہا جاسکتا ہے کہ اردو کا عصری منظر نامہ اس حقیقت کا گواہ ہے کہ اس وادی کی سیاحی وہی لوگ کر رہے ہیں، جنہیں عرف عام میں ستم رسیدہ طبقہ کہا جاسکتا ہے۔ طبقہ اشرافیہ کی نئی نسل کو اردو سے کوئی سروکار نہیں رہ گیا ہے۔

جہاں تک اردو کو مسلمانوں کی زبان قرار نہ دینے والوں کا تعلق ہے تو بلا خوف تردد یہ بھی کہا جاسکتا ہے کہ آج ہندوستان میں اردو کا عصری منظر نامہ ہمیں یہ کہنے کی اجازت نہیں دیتا کہ یہ عام ہندوستانیوں کی زبان ہے۔ کیونکہ ہم بھروسہ کے ساتھ یہ بھی کہہ سکتے ہیں کہ ابھی کی نئی نسل نے اردو سے اپنا رشتہ پوری طرح منقطع کرر کھا ہے۔ جو چند صاحبان قلم مذہباً مسلمان نہیں ہیں، لیکن جرأت اظہار کا ذریعہ اردو کو بنائے ہوئے ہیں، وہ انگلیوں پر گنے جانے کے لائق ہیں۔ خود ان کے بچے بھی اردو زبان اور رسم الخط سے اسی طرح ناواقف اور نابلد ہیں جس طرح شمالی ہند کے طبقہ اشرافیہ سے تعلق رکھنے والے مسلم طبقہ کی نئی نسل اردو سے پوری طرح لاعلم ہے۔

ایسے میں یہ سوال فطری طور پر کھڑا ہو جاتا ہے کہ کیا اردو زبان (ادب نہیں) کے مستقل پر منڈلاتے خطرات کا مقابلہ کرنے کی ہم میں صلاحیت ہے ؟اب تک کی کارگزاریوں پر ایک عمومی نگاہ دوڑانے کے بعد یہ کہا جاسکتا ہے کہ اردو والوں کو صرف اور صرف جذباتی تسکین کا سامان تو فراہم کرایا جاتا رہا ہے لیکن اردو زبان کو صحتمند اور توانا بنانے کیلئے اردو والے جو کوششیں کر بھی سکتے تھے، وہ انہوں نے نہیں کئے۔ جو لوگ اردو زبان کی تنزلی کے قائل نہیں ہیں، انہیں چاہئے کہ اپنی آنکھوں پر لگی نظریاتی پٹیوں کو کھول کر کربناک صورتحال کا خود مشاہدہ کریں کہ آج جو زبان ہمارے درمیان رواج پارہی ہے، وہ کیسی ہے، املوں کی غلطیاں، صرفی و نحوی قواعد سے انحراف اور زبان کا قیمہ بنانے والی کیفیتیں کس طرح اپنے جلوے دکھارہی ہیں، اُس کی تصویر دیکھنی ہو تو کسی بھی اردو اخبار پر ایک نگاہ دوڑالینا شاید کافی ہو گا کیونکہ عہد حاضر کی زبان کی حقیقی تصویر کشی اردو کے اخبارات سے زیادہ بہتر اور کہیں ہو بھی نہیں سکتی۔ ویسے ایک بات یہ ضرور کہی

جا سکتی ہے کہ اردو کے مستقبل کے حوالہ سے خواص و عوام دونوں سطح پر اندیشہ ہائے دراز کا جو اظہار کیا جاتا رہا ہے جس پر اردو کے علمبر داروں کو آج ذرا ٹھہر کر سنجیدگی کے ساتھ غور کرنے کی ضرورت ہے۔ شاعر نے خوب کہا ہے۔

میری اللہ سے بس اتنی دعا ہے راشد
میں جو اردو میں وصیت لکھوں بیٹا پڑھ لے

Thou which name is Urdu. Essay: Shahidul Islam

***

۶

اردو زبان کی سلاست اور شیرینی- مسلسل مجروح ہوتی ہوئی آج کے بیانیہ تک

اشہر ہاشمی

اردو دنیا میں سب سے زیادہ بولی جانے والی زبانوں میں انگریزی اور چینی زبان کے بعد تیسرے نمبر پر ہونے کی دعوید ارہے۔

اردو کا گھر ہندوستان لیکن اردو کا مسکن پوری دنیا ہے۔ بر صغیر ہند یعنی ہندوستان، پاکستان اور بنگلہ دیش میں تو یہ زبان بولی ہی جاتی ہے اس کے علاوہ گذشتہ ۷۰، ۶۰ برسوں کے دوران خلیج اور مغرب کے مختلف علاقوں میں اردو کی جو نئی بستیاں آباد ہوئی ہیں ان میں یہ زبان اپنے تمام تر تہذیبی حوالوں کے ساتھ خوب پھول پھل رہی ہے۔

ہندوستان پاکستان کے باہر نہ صرف اس زبان میں لکھنے والے بڑے دماغ اپنی تخلیقیت کا اعلی پیمانے پر اظہار کر رہے ہیں بلکہ اخبارات، جرائد اور رسائل کے ذریعہ عہد حاضر کی حسیت کا بھی بیان ہو رہا ہے۔ اردو کی معیاری زبان تقریباً ہر جگہ ایک ہے۔ لہجہ علاقائیت سے متاثر ہو سکتا ہے، لفظیات پر بھی علاقائیت غالب ہو سکتی ہے لیکن جو معیاری زبان ہے وہ نظم اور نثر دونوں میں ایک خاص سطح پر موجود ہے۔ ادب کی زبان

میں دانشورانہ رعب ہر جگہ یکساں ہے۔

صحافت کی زبان ابھی چند برس پہلے تک نہ صرف معیاری تھی بلکہ اصطلاح سازی کا فریضہ بھی پوری دیانت داری کے ساتھ نبھا رہی تھی۔ گذشتہ چند برسوں کے دوران یک بہ یک اطلاعاتی ٹیکنالوجی کے حوالے سے آیا ہوا ایک سرطان اردو کی صحافتی زبان کو بری طرح سے بیمار کر رہا ہے۔ یہ صورتحال اس ضد کی پیداوار ہے کہ لکھنے کیلئے زبان جاننا ضروری نہیں، ٹیکنالوجی ضروری ہے۔

صحافت ہر طرح کی مار جھیل سکتی ہے لیکن زبان کی نزاکت اور سلاست سے نابلد کسی قلم کا بوجھ نہیں جھیل سکتی۔ اس وقت وہی قلم کمپیوٹر کے "کی بورڈ" بن کر چل رہے ہیں، جن میں بیان مشینی ہے اور احساس کی کوئی سطح ایسی نہیں جو اظہار کو جاندار بنانے میں معاون ہو سکے۔

اصل میں ٹھیک سے دیکھا جائے تو یہ اردو صحافت کے اس گرتے ہوئے معیار کی طرف متوجہ کرتا ہے جس سے بیشتر لوگ غافل ہیں یا کاروباری ذہنیت اس نازک پہلو کو نظر انداز کرنے کی تحریک دیتی ہے۔ اطلاعاتی ٹیکنالوجی کے انقلاب کے ساتھ اردو اخبارات سے ایڈیٹر کا غائب ہو جانا ایک ایسا المیہ تھا جس کی طرف توجہ نہیں دی گئی۔ ایڈیٹر کی موت کسی کو نظر ہی نہیں آئی اور مشین نے انسان کو کھالیا۔

مشین بہرحال مشین ہے۔ گوگل ٹرانسلیٹ اگر اردو صحافت کی بنیاد بنتا ہے تو یہ ایک ایسا المیہ ہے جس پر آنسو بہانے کیلئے اگلی نسل کا انتظار نہیں کرنا پڑے گا۔ صحافیوں کی یہی نسل اشکبار رہے گی۔ جھگڑا اس کا ہے جو حساس ہے، جسے زبان کی فکر ہے، جسے اس سے سروکار ہے کہ ہم دنیا کی ایک انتہائی نازک زبان کے وارث ہیں۔

وہ زبان جس نے انسانی رشتوں کو بیان کرنے میں ایسی مہارت اور نزاکت کا مظاہرہ

کیا ہے جس کی مثال دنیا میں کسی دوسری زبان میں نہیں ملتی۔ مثال کے طور پر زبان کے تشکیلی دنوں میں اصطلاحیں بنانے والے ذہنوں کی انسانی دردمندی یا انسانی قدروں کے احترام کی جھلک کچھ لفظوں میں ملتی ہے جو پہلی نظر میں ہی سامنے آجاتے ہیں۔

بطور مثال ایک لفظ خوش دامن استعمال ہوتا ہے۔ یہ لفظ بہت پہلے متروک ہو گیا۔ کیونکہ وہ روایت ختم ہو گئی جو رشتوں کا احترام کرتی تھی۔ جب کہ رشتوں کا احترام اردو میں اس اعلیٰ ترین منزل تک گیا جہاں دو عورتوں سے، جو آپس میں سگی بہنیں ہوں، شادی کرنے والے دو غیر مردوں کا رشتہ بیان کرنے کیلئے ایک بہت نازک سا لفظ "ہم زلف" استعمال ہوتا ہے۔ اس لفظ کی نزاکت تک پہنچے بغیر اردو میں مشین کی زبان سے لکھنے کا رجحان سوائے تباہی کے کچھ نہیں لائے گا۔ اور تباہی آچکی۔

جن لوگوں کو یہ بھی نہیں معلوم کہ اردو میں حروف تہجی کتنے ہیں، وہ بھی اردو میں صحافت کے علمبردار بن کر سروں پر مسلط ہو چکے ہیں۔ جنہیں اپنا نام لکھنا نہیں آتا وہ بھی اردو کے صحافی ہیں۔ اسٹیج پر لڑکیاں نچانے والے، جگہ زمین کا کاروبار کرنے والے، ہندوستان سے مزدوروں کو بیرونی ممالک بھیجنے والے اور ایسے ہی دوسرے بھاری کام سے لگے ہوئے لوگ ڈھیر ساری دولت کما لینے کے بعد بھی جب سماج سے عزت نہیں خرید سکتے تو وہ اردو کے کسی ہفت روزہ، پندرہ روزہ، ماہنامہ یا روزنامہ کا رجسٹریشن لے کر ایک کمپیوٹر لگا کر بیٹھ جاتے ہیں۔

پہلے کہتے تھے کہ شاعر حشرات الارض کی طرح پیدا ہوتے ہیں۔ آج صحافی ویسے ہی پیدا ہو رہے ہیں۔ کیونکہ صحافت کیلئے اب کچھ بھی لازمی نہیں رہ گیا۔ نہ زبان، نہ بیان، نہ اس کی سمجھ کہ کون سی خبر کس طرف لے جاتی ہے نہ اس کا اندیشہ کہ کسی کے پاس جوابدہی کرنی ہے۔

ایک زمانہ تھا جب پڑھنے والا یعنی عام قاری اخبار کی نگرانی کرتا تھا، ایک لفظ بھی غلط لکھ دیا جائے تو دن بھر ٹیلیفون بجتے تھے اور ایک زمانہ ہے کہ دن بھر مختلف ایجنسیوں سے ہندی کی انٹرنیٹ پر آئی ہوئی خبروں کا مشینی ترجمہ اخبارات کیلئے جاری ہوتا ہے اور وہ کسی کی فکر مندی کو اپنے طرف راغب کئے بغیر اردو اخبار کے صفحات پر نازل ہوتا رہتا ہے۔

اردو کے اخبارات، ان اخبارات کو چھوڑ کر جن کیلئے صحافت سچ مچ آج بھی خدمت ہے، محض کاروبار نہیں، ایک ایسی زبان کو رواج دے رہے ہیں جس کے پڑھنے والے شاید کچھ دن بعد، شاید آج کل ہی اچھی اور درست زبان لکھنے والے کو چیلنج کرنے کیلئے کھڑے ہو جائیں کہ آپ نے یہ کیا لکھا؟

یہ صورتحال صرف تشویشناک نہیں بلکہ نہایت خطرناک ہے۔ وقت کا تقاضا ہے کہ زبان کی فکر مندی بیدار کی جائے۔ جس سے جو ممکن ہو سکے کرے۔ اور ان لوگوں سے نجات دلائے جو کسی بھی حال میں اس لائق نہیں ہیں کہ اخبار کے صفحات پر زبان کی قبر کھودتے رہیں۔

The fall of the language of Urdu Journalism. Essay: Ash'har Hashmi

***

۷

اردو زبان اور ہماری ذمہ داریاں

اشفاق عمر

بین الاقوامی مادری زبان دن

International Mother Language Day

اردو زبان بڑی سخت جان ہے۔ یہ مصائب کے تھپیڑے اور اپنوں اور غیروں کی بے اعتنائیاں برداشت کر سکتی ہے مگر جب اردو والے اپنے بچوں کو دیگر زبان کے ابتدائی اسکولوں میں تعلیم دلانے لگیں گے تو یہ فنا ہو جائے گی۔

مادری زبان (بالفاظ دیگر گھر کی زبان) انسانی زندگی کے ارتقائی سفر میں انتہائی اہمیت کی حامل ہے۔ یہ ایک ایسا سماجی وسیلہ ہے جو ایک نسل کو دوسری نسل سے مربوط کرتے ہوئے نئی نسل کو پچھلی نسل کی تمام تر وراثت سونپ دیتا ہے۔ انسانی زندگی میں مادری زبان کی اہمیت و افادیت کے پیش نظر ہر سال ۲۱ فروری کو اقوام متحدہ کے ادارہ یونائیٹیڈ نیشنز ایجوکیشنل، سائنٹفک اینڈ کلچرل آرگنائزیشن (یونیسکو UNESCO) کے زیر اہتمام بین الاقوامی مادری زبان دن (انٹر نیشنل مدر لینگویج ڈے) منایا جاتا ہے۔ اس دن کے حوالہ سے دنیا بھر میں مادری زبان کی حوصلہ افزائی کے لیے مختلف پروگرام منعقد کیے جاتے ہیں۔ " بین الاقوامی مادری زبان دن " کی پہلی تقریب یونیسکو کے دفتر پیرس،

فرانس میں ۲۱ فروری ۲۰۰۰ء کو منائی گئی تھی۔

ہماری مادری زبان، اردو زبان کو ایک شیریں زبان کے طور پر تسلیم کیا جاتا ہے۔ دنیا کے ایک وسیع حلقے میں اس زبان کے بولنے والے موجود ہیں۔ موجودہ صورتِ حال میں یہ زبان پھلتی پھولتی محسوس ہو رہی ہے مگر اس زبان کے بولنے والوں کے ایک طبقے کا اپنے بچوں کو دوسری زبانوں کے اسکولوں میں داخل کرنا باعثِ تشویش ہے۔ ابھی بھی وقت ہے۔ اگر ہم نے اس رجحان کو ختم نہیں کیا تو یہ رجحان اردو زبان کو معدومیت کی طرف لے جائے گا۔

کتنی عجیب بات ہے! تین چار دہائی پہلے تک اردو زبان بولنے والوں کو اردو زبان سے کوئی خاص شکایت نہیں تھی۔ آج کی طرح اس وقت بھی اردو میڈیم سے ابتدائی اور ثانوی تعلیم حاصل کرنے والے طلبا کا اعلیٰ تعلیم کے اُن اداروں میں آسانی سے داخلہ ہو جاتا تھا جہاں اردو کے علاوہ کوئی اور زبان ذریعہ تعلیم کے طور پر استعمال ہوتی تھی۔ ان طلبا کے رزلٹ بھی مثالی ہوا کرتے تھے اور آج وہ طلبا اعلیٰ ترین سروسیز میں شامل ہیں یا کاروبار میں مصروف ہیں۔ انہیں کبھی بھی اردو زبان میں ابتدائی تعلیم حاصل کرنے کی وجہ سے نہ تو کوئی دقّت ہوئی نہ ہی کہیں شرمندگی سے دوچار ہونا پڑا۔

گزرتے وقت کے ساتھ تعلیم کا حصول عام ہوتا گیا۔ اسی کے ساتھ ساتھ اردو بولنے والوں کے ذہن کو تبدیل کیا جانے لگا۔ ہم انتہائی معصومیت سے اس پروپیگنڈہ کا شکار ہوتے گئے کہ اردو زبان میں تعلیم حاصل کرنے والوں کو روزی روٹی کے مسائل سے دوچار ہونا پڑتا ہے۔ ہم نے ان باتوں کو ماننا شروع کر دیا او ہمارا راستہ تبدیل ہونے لگا۔ بہت ساری جگھوں پر تو سماج میں ایک ایسا ماحول پیدا کیا گیا جس سے اردو زبان میں اپنے بچوں کو تعلیم دلانے والے سرپرست شرمندگی کا شکار ہونے لگے۔ ہم نے اشتہار بازی پر

یقین کیا اور پروپیگنڈہ کی دہلیز پر اپنی نسلوں کو قربان کرنا شروع کرتے ہوئے خوش ہوتے رہے کہ ہماری نسلیں ترقی کی راہ میں دوسری قوموں کے شانہ بشانہ ہے ں۔

ہم نے یہ تک دیکھنا گوارا نہیں کیا کہ دوسری زبان کے لوگوں کی ابتدائی تعلیم سے متعلق کیا پالیسی ہے اور دنیا بھر کے ماہرینِ تعلیم مادری زبان میں ابتدائی تعلیم کی اہمیت پر کتنا زور دے رہے ہیں۔ ہم نے یہ بھی نہیں سوچا کہ پانچ چھ سال کا معصوم بچہ کسی اجنبی ذریعہ تعلیم کی اسکول میں اپنے آپ کو مکمل طور پر اجنبی محسوس کرتا ہے۔ ہم نے بچوں کے مستقبل کو شاندار بنانے والے خوبصورت پروپیگنڈہ پر مکمل یقین کیا اور زمینی حقیقتوں سے منہ موڑ لیا۔

دنیا بھر کہ ماہرین اس بات کو تسلیم کرتے ہیں کہ بچے کی ابتدائی تعلیم اس کی مادری زبان میں ہونا چاہیے مگر ہم نے ان ماہرین کی باتوں کو قابلِ اعتنا نہیں سمجھا۔ دیگر زبان کے لوگ اپنے بچوں کو مادری زبان کے اسکول میں داخل کرنا پسند کرتے ہیں مگر ہم نے ایسا کرنے کی ضرورت نہیں محسوس کی۔ جس وقت دنیا بھر کے ماہرینِ تعلیم انسان کی مادری زبان کی اہمیت و افادیت کے دلائل دے رہے تھے اس وقت ہم اپنی مادری زبان سے دوری بنانا چاہتے تھے ۔ ہم نے اس بات پر یقین کر لیا تھا کہ اردو زبان روزگار سے جڑی نہیں ہے اور ایسی زبان میں تعلیم حاصل کرنے سے اس کا مستقبل تباہ ہو جائے گا۔ کتنی عجیب بات ہے۔ ماہرین کی سند ہے کہ مادری زبان میںابتدائی تعلیم حاصل کرنے والے بچوں کا مستقبل تابناک ہوتا ہے اور ہم اپنے بچوں کی ابتدائی تعلیم کے لیے دوسری زبانوں کا انتخاب کرنے میں فخر محسوس کرتے ہیں۔ ہم اپنے بچوں کے بہتر مستقبل کی لالچ میں نہ صرف ان کا حال تباہ کر رہے ہیں بلکہ ان کے مستقبل کو بھی داؤ پر لگا رہے ہیں۔

آج بے شمار لوگ اردو سے متعلق ایک بات کہتے ہیں کہ اردو روزگار سے جڑی ہوئی

زبان نہیں ہے اور اردو سے تعلیم حاصل کرنے والوں کے مستقبل کا روشن ہونا محال ہے۔ اس اعتراض کا منہ توڑ جواب دیا جاتا رہا ہے۔ ہم اس اعتراض کے جواب میں صرف ایک بات کہنا چاہتے ہیں۔

ہندوستان کا سب سے پرکشش اور روشن کریئر، سول سروسیز کا کریئر ہے۔ سول سروسیز کا امتحان پاس کرکے سول سرونٹس کا عہدہ پانے والے افراد کے ہاتھ میں اس ملک کی باگ ڈور ہوتی ہے۔ اردو زبان میں اس امتحان کے پرچے لکھنے کی سہولت مہیا ہے۔ ہندوستان میں بولی جانے والی ۱۶۵۲ زبانوں میں سے ۲۲ زبانوں میں یہ سہولت موجود ہے جن میں اردو زبان کا بھی شمار ہوتا ہے۔ اس کا مطلب یہ ہوا کہ اردو زبان جاننے والا ایک امیدوار ہندوستان کے سب سے اعلیٰ مقابلہ جاتی امتحان میں شریک ہوسکتا ہے اور کامیابی حاصل کرتے ہوئے سول سرونٹس میں شامل ہوسکتا ہے۔ اردو زبان میں سول سروسیز کا امتحان دینے اور کامیابی حاصل کرنے والے افراد موجود ہیں۔

کیا اس کے بعد کسی اور جواب کی ضرورت رہ جاتی ہے۔ اردو زبان سے تعلیم حاصل کرنے والے آج بھی ہر میدان میں اعلیٰ عہدوں پر موجود ہیں۔ ضرورت اس بات کی ہے کہ اردو زبان اور دوسری تمام زبان کے بولنے والے حقیقی صورتِ حال کو سمجھیں۔

ہم انگریزی میڈیم یا کسی اور میڈیم کی اسکولوں کے مخالف نہیں ہیں بلکہ ہمیں اعتراض اس بات پر ہے کہ ہم پانچ چھ سال کی عمر کے بچے سے مادری زبان میں تعلیم حاصل کرنے کا حق چھین کر اسے مادری زبان کے علاوہ کسی اور زبان کے اسکول میں داخل کردیتے ہیں۔ ہم اس کی شخصیت کی مکمل نفی کرنے میں کوئی کسر نہیں اٹھا رکھتے۔

دیکھا گیا ہے کہ ابتدائی اور ثانوی تعلیم کی تکمیل پر مادری زبان سے تعلیم حاصل

کرنے والے طلبا اور مادری زبان کے علاوہ کسی اور زبان سے ابتدائی اور ثانوی تعلیم حاصل کرنے والے طلبا کے تعلیمی معیار میں کوئی خاص فرق نہیں ہوتا۔ اگر کہیں فرق محسوس ہوتا ہے تو اس کی وجہ میڈیم کا فرق نہیں بلکہ طلبا جن اسکولوں میں زیرِ تعلیم ہوتے ہیں ،ان اسکولوں کا اعلیٰ معیار بچوں کی تعلیمی ترقی میں بھی نظر آتا ہے۔ مادری زبان سے ابتدائی اور ثانوی تعلیم حاصل کرنے والے بچے اعلیٰ تعلیم حاصل کرنے میں کہیں بھی پیچھے نہیں رہتے تو کیا وجہ ہے کہ ہم اپنے بچوں کی ابتدائی تعلیم کے لیے مادری زبان کا انتخاب نہیں کرتے۔ اپنے بچوں کو دوسری زبان کے اسکول میں داخل کرنے والے سرپرستوں کے پاس بہت ساری دلیلیں ہیں مگر کیا وہ اس بات کا جواب دے سکتے ہیں کہ جب ان کا بچہ ان کے گھر میں بولی جانے والی زبان کو بول اور سمجھ سکتا ہے تو وہ اس کی ابتدائی اسکولی تعلیم کے لیے کسی دوسری زبان کا انتخاب کیوں کرتے ہیں؟

میں آپ لوگوں کے سامنے چند باتیں پیش کرنا چاہتا ہوں جن سے بچوں کی پرورش اور تعلیم و تربیت میں مادری زبان کی اہمیت واضح ہو سکے۔

سب سے پہلے زبان سے متعلق ہونے والی مسلسل تحقیقات میں سے ایک تحقیق کا ذکر کرنا چاہوں گا۔ اس جدید تحقیق نے ثابت کیا ہے کہ نومولود بچہ اپنی مادری زبان میں ہی روتا ہے۔ کچھ عرصہ قبل تک سمجھا جاتا تھا کہ بچوں کا رونا کسی ذہنی کاوش کا نتیجہ نہیں ہوتا مگر حالیہ تحقیق نے ثابت کیا ہے کہ بچے اپنی مادری زبان میں ہی روتے ہیں۔ نومبر ۲۰۰۹ء میں سائنسی تحقیقی جریدے "کرنٹ بائیالوجی Current Biology" میں چھپنے والی اس تحقیق کے مطابق بچے اپنا مادری لہجہ رحمِ مادر ہی میں اپنا لیتے ہیں۔ جرمنی کی ایک یونیورسٹی اور ایک فرانسیسی ادارے کی مشترکہ تحقیق کے مطابق بچہ دراصل پیدائش سے قبل ہی زبان سیکھنا شروع کر دیتا ہے۔ اس تحقیق کا مقصد اس سوال کا جواب تلاش کرنے

کی کوشش تھی کہ بچوں میں بے ربط رونے کا عمل کب زبان دانی کی ابتدا بنتا ہے۔ اس تحقیق کے لئے نومولود فرانسیسی اور جرمن بچوں کی رونے کی آوازیں ریکارڈ کر کے ان کا تفصیلی تجزیہ کیا گیا۔ محققین کے مطابق زبان کے س±روں سے متعلق ابتدا میں ہی پیدا ہونے والی حساسیت بعد ازاں بچوں میں مادری زبان سیکھنے کے عمل میں بہت معاون ہوتی ہے۔ اس تحقیق سے ثابت ہوتا ہے کہ انسان ماں کے پیٹ سے ہی اپنی مادری زبان سے واقف ہو جاتا ہے اور گزرتے وقت کے ساتھ وہ اس میں پختگی حاصل کرتا رہتا ہے۔

☆ بھارت کے آئین کی دفعہ A۳۵۰ میں درج ہے:

"ہر ریاست اور اس ریاست کے اندر ہر مقامی حاکم کی کوشش ہوگی کہ لسانی اقلیتی زمروں سے تعلق رکھنے والے بچوں کو تعلیم کے ابتدائی درجے میں مادری زبان میں تعلیم دینے کی کافی سہولتیں مہیا کرے اور صدر، کسی ریاست کو ایسی ہدایتیں اجرا کر سکے گا جو ایسی سہولتیں مہیا کرنے کے لیے وہ ضروری یا مناسب سمجھے۔"

☆ قومی درسیات کا خاکہ ۲۰۰۵ :

نیشنل کونسل آف ایجوکیشنل ریسرچ اینڈ ٹریننگ (NCERT)، نئی دلی کے قومی درسیات کا خاکہ ۲۰۰۵ (NCF۲۰۰۵) کے چند اقتباسات:

"زبانیں یادداشتوں اور اشارات کا ایک ذخیرہ بھی فراہم کرتی ہیں جو بولنے والے دیگر لوگوں اور خود اپنے عرصہ حیات کے دوران بنائے گئے اشارات سے حاصل کیا جاتا ہے۔ یہ ایسے ذرائع بھی ہیں جن سے بیشتر علوم کی تشکیل ہوتی ہے۔ اس لیے ان کا فرد کے خیالات اور اس کی پہچان سے گہرا رشتہ ہوتا ہے۔ دراصل ان کا پہچان کے ساتھ اتنا مضبوط رشتہ ہوتا ہے کہ بچے کو اس کی مادری زبان (زبانوں) سے محروم کرنا یا ان کو مٹانے کی کوشش کرنا اس کے احساسِ تشخص میں دخل اندازی کے مترادف ہے۔"

"بچوں کی گھر کی زبان (زبانیں) اسکولی تعلیم کا ذریعہ ہونا چاہیے۔"

"اگر اسکول میں اعلیٰ سطحوں پر گھر کی زبان (زبانوں) کے ذریعے تعلیم ممکن نہ ہو تو ابتدائی سطح کی تعلیم لازمی طور پر گھر کی زبان (زبانوں) کے ذریعے ہی دی جانی چاہیے۔ یہ لازمی ہے کہ ہم بچے کی گھر کی زبان (زبانوں) کو اہمیت دیں۔"

☆ ایڈولف ہٹلر نے اپنی جاسوسی تنظیم میں بہت ساری عورتوں کو بھی بھرتی کیا تھا۔ ان جرمن عورتوں کو انگریزی زبان اور برطانوی تہذیب و تمدن کی بھرپور تربیت دی گئی اور انہیں انگلستان روانہ کر دیا گیا۔ جنگ کے دوران ان عورتوں کی کاروائیاں اتنی زبردست تھیں کہ برطانوی افسران حیران تھے۔ ان کی ہر خبر جرمنوں تک پہنچ جاتی تھی۔ ایک مرتبہ محکمہ سراغرسانی کو ایک عورت پر شک ہوا۔ اس عورت کی اصلیت معلوم کرنے کے لیے ایک عجیب طریقہ اختیار کیا گیا۔ ایک پارٹی میں اس عورت کو اچانک پن چبھا دی گئی۔ پن چبھنے کا درد ہوتے ہی اس عورت کے منہ سے بے اختیار جرمن زبان کی ایک گالی پھسل گئی اور اسے موقع پر ہی گرفتار کر لیا گیا۔ اس ترکیب کے پیچھے یہ اصول کارفرما تھا کہ بے ساختگی یا کسی تکلیف کے موقع پر انسان اپنی مادری زبان میں ہی اظہار جذبات کرتا ہے۔

کیا آپ ان باتوں سے متفق ہیں؟

☆ بچے کو اس کی مادری زبان میں بنیادی تعلیم دینا اس کا بنیادی انسانی حق ہے اور اسے یہ حق ملنا ہی چاہیے۔

☆ ہم اسی زبان میں سوچتے اور خواب دیکھتے ہیں جو ہماری مادری زبان ہوتی ہے۔

☆ بچہ بولنا شروع کرتا ہے تو دھیرے دھیرے وہ اپنی خواہشات، جذبات اور ضروریات کا اظہار کرنے کے قابل ہو جاتا ہے۔ رسمی تعلیم شروع کرنے سے پہلے وہ اپنی مادری زبان

استعمال کرنے کے قابل ہو چکا ہوتا ہے۔

☆ جب مادری زبان میں بچے کی اسکولی تعلیم کا آغاز ہوتا ہے تو اپنے ذخیرۂ الفاظ کی مدد سے وہ اپنے استاد کی بولی اور سکھائی گئی باتوں کو سمجھنے کا اہل ہوتا ہے۔ مادری زبان کی وجہ سے پیدا ہونے والی یہ افہام و تفہیم اس کی تعلیم میں سہولت پیدا کر دیتی ہے اور وہ تیزی سے تعلیمی ترقی کی منزلیں طے کرنے لگتا ہے۔

☆ بچوں کی مادری زبان کے ذریعۂ تعلیم والے اسکولوں کے اساتذہ کو اپنا نصاب مکمل کرنا اور بچوں کو طے شدہ نصاب پر عبور دلانے میں سہولت ہوتی ہے۔ ☆ مادری زبان میں تعلیم حاصل کر رہے بچے کی پڑھائی اور گھر کام کی نگرانی کرنے میں ماں باپ کو بہت سہولت ہوتی ہے۔

☆ وہ زبانیں بہت جلد اپنا وجود کھو بیٹھتی ہیں جو اسکولوں میں ذریعۂ تعلیم کے طور پر استعمال نہیں ہوتیں اور نہ ہی وہ نصابِ تعلیم میں شامل ہوتی ہیں۔ ☆ آپ نے ایسے لوگوں کو دیکھا ہو گا جن کی یادداشت چلی جاتی ہے مگر وہ اپنی مادری زبان میں بات کر لیتے ہیں۔

☆ ابتدائی سطح کی تعلیم غیر مادری زبان میں حاصل کرنے والا اس ذہنی نشو نما سے محروم ہو جاتا ہے جو مادری زبان میں تعلیم حاصل کرنے والے بچوں کے حصے میں آتی ہے کیوں کہ ہمارا ذہن مختلف قسم کی توانائیوں کی آماجگاہ ہے۔ ذہنی، فکری، سمعی، بصری اور اسی طرح کی بے شمار قوتیں ہماری ذہنی نشو نما میں معاون و مددگار ہوتی ہیں۔ یہ قوتیں جس حد تک پختہ ہوں گی، اس حد تک ہمارا ذہن وسیع اور پختہ ہو گا۔ ہمارے محسوسات کا بے ساختہ اظہار ہماری مادری زبان کے توسط سے ہی ہوتا ہے۔ کسی بھی مسرت یا تکلیف کا بے اختیار اظہار کرنے کے لیے انسان اپنی مادری زبان کا ہی استعمال کرتا ہے۔

☆ زبان کو بنیادی انسانی حقوق میں شامل کیا گیا ہے کیوں کہ زبان انسان کی ذات اور شناخت کا اہم ترین حصہ ہے۔ اقتصادی، سماجی اور ثقافتی حقوق پر بین الاقوامی معاہدے کے مشمولات کے علاوہ اقوام متحدہ کے ادارہ برائے تعلیم، سائنس اور ثقافت کی قرار دادوں کی صورت میں اس حق کی ضمانت دی گئی ہے۔ کیا آپ یہ نقصان برداشت کر سکتے ہیں؟

مادری زبان کسی بھی انسان کی شناخت ہوتی ہے۔ فرد مادری زبان میں سوچتا ہے، منصوبہ بندی کرتا ہے اور مختلف باتوں کو سمجھتا ہے یعنی یہ زبان فرد کی ترقی کا اہم ذریعہ ہے۔ کوئی بھی زبان اپنے بولنے والوں کی وجہ سے زندہ رہتی ہے اور جس وقت اس کے بولنے والے ختم ہو جاتے ہیں، زبان بھی فنا ہو جاتی ہے۔ ہر زبان کی ایک تہذیبی ثقافت ہوتی ہے جس میں زندگی کے ہر پہلو کی شمولیت ہوتی ہے۔

اردو سے ہماری بے اعتنائی بڑھتی گئی تو دنیا ایک شیریں زبان اور اس کی تہذیب سے محروم ہو جائے گی۔ اس زبان کی معدومیت کے ذمہ دار ہم خود بن رہے ہیں۔ ہم نے کمرشیلائزیشن کے اس زمانے میں پروپیگنڈہ کا شکار ہو کر خود اپنی جڑوں کو ختم کرنے کا کام شروع کر دیا ہے۔ رسمی تعلیم کا آغاز ہم بچے کی مانوس زبان میں نہ کرتے ہوئے اس کو ایک ایسے ماحول میں پہنچا دیتے ہیں جو اس کی شخصیت کو غیر متوازن بنا سکتا ہے۔ ہم اس طرح اردو اور اپنی اولادوں، دونوں کو اپنی جڑوں سے دور کر رہے ہیں۔ کیا ہمیں اس مسئلہ پر ایک مرتبہ اور غور نہیں کرنا چاہیے۔

ہماری تعلیمی حکمتِ عملی؟

ہندوستان میں ۴۷ زبانیں ذریعۂ تعلیم کے طور پر برتی جاتی ہیں۔ ہندوستان کا تعلیمی نظام ابتدائی تعلیم، ثانوی تعلیم، اعلیٰ ثانوی تعلیم اور یونی ورسٹی سطح کی تعلیم پر مبنی ہے۔

ہندوستان میں ابتدائی تعلیم (پرائمری اور اپر پرائمری تعلیم) کے اسکولوں میں عام طور پر اس علاقے میں بولی جانے والی زبان میں تعلیم دی جاتی ہے۔ عام رجحان یہی ہے کہ بچوں کو مادری زبان کے ابتدائی اسکولوں میں داخل کیا جائے۔ ثانوی تعلیم مکمل ہونے کے بعد بچے اپنی اعلیٰ تعلیم دوسرے میڈیم کے کالجوں میں حاصل کرتے ہیں۔ مادری زبان کے اسکولوں کے فارغ طلبا آسانی سے اپنی تعلیم کو مکمل کر لیتے ہیں۔

جس سماج میں اس طرح کی سہولیات مہیّا ہوں، جس سماج میں کثیر لسانیات کی بھی فضا موجود ہو وہاں ہمیں اپنے بچوں کے لیے "زبانوں پر عبوریت" کے مسائل کا سامنا نہیں ہو سکتا۔ ہم نے دیکھا ہے کہ چھ سات سال کے بچے مدارس میں روانی سے عربی قاعدہ پڑھنے لگتے ہیں۔ بلاشبہ ہم لوگ کثیر لسانی ماحول کے پروردہ ہیں اس لیے مادری زبان میں ابتدائی تعلیم دلاتے ہوئے ہم تھوڑی سی محنت سے ہم اپنے بچوں کو دیگر قومی اور بین الاقوامی زبانوں پر بہتر طور پر عبور دلا سکتے ہیں۔

ہمیں چاہیے کہ ثانوی تعلیم کے اختتام تک اپنے بچوں کو انگریزی، ریاستی اور قومی زبانوں پر عبور دلانے کے لیے ہم خود کا لسانی منصوبہ Language Plan بنائیں جس کی مدد سے ہمارے بچے مادری زبان کے علاوہ دوسری زبانوں پر بھی عبور حاصل ہو جائے۔

آج انٹرنیٹ پر ہر زبان میں ہر طرح کا تعلیمی مواد بافراط موجود ہے۔ ہم چاہیں تو اپنے بچوں کو اپنی نگرانی میں جدید ترین وسائل کا استعمال کرتے ہوئے پڑھائی کرا سکتے ہیں جس سے وہ اپنہ کلاسوں کے نصاب پر عبور حاصل کر سکتے ہیں۔ ہمیں خود اپنے مطلوبہ مقاصد کے حصول کے لیے کوشش کرنا ہے۔ ہماری اپنی کوششیں ہمارے بچوں کے لیے مفید ثابت ہوں گی۔ ہمارے بچوں کی فلاح کے اقدامات ہمیں خود کرنا ہے۔ اس کے لیے ہماری کسی بھی ادارے یا فرد پر مکمل انحصار نہیں کر سکتے۔

۱۲ فروری ۲۰۱۴ء کو" بین الاقوامی مادری زبان دن" کے طور پر منایا جارہا ہے۔ پوری دنیا میں جوش و خروش سے منایا جانے والا یہ دن اپنے پیچھے بہت ساری باتیں، بہت سارے سوال چھوڑ جائے گا۔ ان میں سب سے اہم سوال یہی ہو گا کہ ہم اپنے بچوں کی ابتدائی تعلیم کے لیے کون سا ذریعہ تعلیم اختیار کریں۔ ہمیں ضرور غور کرنا چاہیے کہ ہمارے اپنے بچوں کے لیے بہتر بات کون سی ہے۔ ہم پھر کہیں گے کہ بچے کے بہتر مستقبل کی فکر میں اس کا حال قربان مت کیجیے۔ ہمارا یہ عمل اس کے شخصیت کے لیے نقصان دہ ثابت ہو سکتا ہے۔ اپنی مادری زبان میں ابتدائی تعلیم حاصل کرنے کے بعد ہمارے بچے زیادہ زیادہ بہتر نتائج دے سکتے ہیں۔ وہ بچے ان بہتر نتائج کی بنیاد پر نہ صرف تعلیم و ترقی کی بلندیوں تک پہنچیں گے بلکہ وہ ان اعلیٰ اقدار کے حامل بھی ہوں گے جو آپ کے خون میں بھی رچی بسی ہیں اور پھر آپ کو اپنی اولاد پر ناز ہو گا۔

Urdu language and our responsibilities. - Essay: Ashfaque Umar

٭٭٭

۸

اردو کی کہانی اردو کی زبانی

محمد سلیمان دہلوی

میں اردو ہوں، میری داستانِ حیات اتنی طویل نہیں کہ اسکو پڑھنے اور سمجھنے میں کسی کو دیر لگے، کیونکہ میں بڑی آزاد مزاج اور ملنسار واقع ہوئی ہوں اس لئے جو مجھے اپناتا ہے اس کی ہو کر رہ جاتی ہوں جو مجھے پناہ دیتا ہے اس سے محبت کرتی ہوں جو مجھے پڑھتا ہے اسے آگاہی بخشتی ہوں جو مجھے سمجھتا ہے اسے رازِ حیات بتاتی ہوں، میرا کہیں قیام نہیں میری کوئی سرحد نہیں ہر قوم سے میری دوستی ہے ہر ملّت سے میرا ناطہ ہے انسانیت میرا مذہب ہے مٹھاس میری شرست ہے اتحاد میری کوشش ہے یگانگت میرا نعرہ ہے.

میرا دامن عربی کی طلاقت، جامعیت اور قادر الکلامی سے، فارسی کی شیرینی اور حلاوت سے، ہندی کے پیار اور اپنایت سے، ترکی کی وسیع القلبی اور انگریزی، فرانسیسی وہسپانوی جیسی عالمی زبانوں کی اصطلاحات اور الفاظ سے بھرا پڑا ہے.

میری طرف سے بے توجہی برتنے والے بھی میری توجہ کے محتاج رہتے ہیں، مجھے جاننے والے میرے ہو کر اور چاہنے والے میرے بنکر رہ جاتے ہیں، میں جنگ کے میدانوں میں ترانہ بنکر گونجتی ہوں، امن کے دور میں نغمہ بن کر گنگناتی ہوں، عوامی جلسوں کو رونق اور خواص کی محفلوں کو اعتماد عطا کرتی ہوں، اجنتا اور الوارا پر لکھے ہوئے

گیتوں اور تاج محل پر لکھی جانے والی پاکیزہ نظموں کو میں نے جنم دیا ہے، آزادی کے متوالوں کو نعرے دیئے ہیں امن کے نقیبوں کو پروان چڑھایا ہے، ہندو میرے گیت اور مسلمان میرے گُن گاتے ہیں، سکھ مجھے دہراتے ہیں، عیسائی مجھے اپناتے ہیں اور جینی مجھے سراہتے ہیں.

جی ہاں میں اردو ہوں وہی اردو جس نے دِلّی میں چھٹپن ولڑکپن گذارااسی شہر کی پُر پیچ گلیوں وبازاروں میں چلنا و سنبھلنا سیکھا، یہیں کے چوراہوں، باغوں، مرغزاروں اور میدانوں میں ہوش سنبھالا، جامع مسجد کی سیڑھیوں پر پروان چڑھی، قلعہ معلی میں ادب و آداب سیکھے، علماء و صوفیا کی محفلوں میں اخلاقیات کا درس لیا، امراء و حکماء کے دیوان خانوں میں تہذیب و تمدن سے آگاہی حاصل کی ، اسی شہر اماں میں انگریزوں نے مجھے ملک کے انتظامی امور کا ذریعہ بنایا تو اپنے تابناک مستقبل کا احساس ہوا، لکھنؤ کی علمی و ادبی محفلوں میں بننا سنورنا سیکھا، حیدر آباد کے ایوانہائے علم و ادب سے سیراب و سرفراز ہوئی، عظیم آباد کے قیام نے شعورِ نقد و نظر عطا کیا، اکبر آباد کے نظیرؔ نے عوامی جذبات و احساسات سے متعارف و روشناس کرایا، کلکتہ کے فورٹ ولیئیم کالج کے علمی و ادبی اداروں میں جدید طرزِ انشا و نثر کا احساس ہوا تو علی گڑھ کے رومان پرور ماحول نے ترقی پسندی کے نظریات کو جلا بخشی اور لاہور میں صحافت، سیاست اور طباعت کے عالمی علم و ادب کے مزاج سے آشنا ہوئی .

مجھے اپنے پنجابی، ہریانوی، راجستھانی، بھوجپوری، بنگالی، گجراتی، دکنی، تامل، ملیالی،، کشمیری،، بلوچی، سندھی، پشتو، اور سرائیکی لہجوں پر فخر ہے انہی لہجوں کے ضمیر سے میرا خمیر اُٹھا، انہی کے رنگوں کی آمیزش سے مجھ پر نکھار آیا .

میں گنگا، جمنا، برہمپتر، سندھ، راوی، ستلج، چناب، جہلم، بیاس، کرشنا، کاویری،

گوداوری اور سرسوتی کے کناروں پر قرنوں سے آباد شہروں اور بستیوں میں پنپنے، پھلنے پھولنے اور وہاں سے ہر سو پھیلنے والی عظیم برِ صغیر کی کی تہذیب و تمدن کی کا پس منظر ہوں، امیر خسروؔ میرے دستر خوانِ اتحاد و یگانگت کے خوشہ چیں، ولیؔ دکنی میرے شریکِ بزم، کبیر و نانک میرے ہمدم، سودا، ناسخؔ، میرؔ، غالبؔ، ذوقؔ میرے ہمراز و ہم نوا، انیسؔ، دبیرؔ اور چکبستؔ مجھ پر نازاں، ساحرؔ و شکیل، فراقؔ و فیضؔ، مجروحؔ، ن۔م۔راشد اور احمد فرازؔ میرے فدائین کی صفوں میں شامل رہے ہیں، جبکہ مولانا مملوک علی، سرسیّد احمد خاں، ڈپٹی، نذیر احمد، الطاف حسین حالیؔ اور مولوی ذکا اللہ میرے ہم خیال اور ہم نوالہ و ہم پیالا تھے،، میں اقبالؔ کے شاہین کی پرواز کا آہنگ اور دور بینی کی غماز، راشد الخیری، ڈپٹی نذیر احمد اور پریم چند کے کرداروں کی آواز، کرشن چندر، راجندر سنگھ بیدی، اور سعادت حسن منٹو کے افسانوں کا شاہکار، فکر تونسوی کے سماجی و سیاسی نشتروں کی نوک،، پطرس بخاری، کنہیالال کپور، شوکت تھانوی، کرنل شفیق الرحمن، ابن انشا، کرنل محمد خاں اور مشتاق احمد یوسفی کی حسِ مزاح کا ضمیر، حالی اور فاروقی کے نقدو نظر اور نارنگ کی فراست کی امین ہوں، مجھے فخر ہے کہ میں مولانا ابولکلام آزادؒ جیسے عالمِ بے بدل، مدبر اور وسیع القلب سیاستداں کے منہ سے بولی اور ان کے قلم سے لکھی گئی، یہ سب کچھ اور بہت کچھ میرا ہی سرمایہ حیات ہے،

کب تک بتاؤں، کہاں تک سناؤں کہ میں کیا ہوں، کون ہوں اور تم میرے کیا ہو؟

یاد رکھو تم میرے اور میں تمہارے بغیر کچھ بھی نہیں، میرے جاننے والے جانتے اور سمجھنے والے سمجھتے ہیں کہ میں کون ہوں، کیا ہوں اور کیوں ہوں؟ مجھے کسی قوم یا نظریئے نے نہیں اسی ملک کی مٹی نے جنم دیا ہے، میں نہ کہیں باہر سے آئی نہ لائی گئی میں تو خسروؔ کی پہیلی، نظیرؔ کی سہیلی، میرؔ کی محبوبہ، غالبؔ کی معشوقہ، نانک کا نور، کبیر کی عظمت

،اسماعیل میرٹھی، حامد اللہ خاں افسر کے بچوں کے ادب، ابن صفی کے جاسوسی ادب، ماہنامہ شمع کے فلمی ادب، اور اے۔ آر خاتون سے لیکر واجدہ تبسم، ہاجرہ مسرور، خدیجہ مسطور، عصمت چغتائی، جیلانی بانو، ثریا بجیا کے نسوانی ادب پاروں، افسانوں، ناولوں، اور پروین شاکر کی شاعری کی عظمتوں کی راز داں اسی زمیں اسی برِ صغیر کی بیٹی ہوں، یہاں کے سبزہء نورستہ کی خنکی، پرندوں کی خوش الحانی، چشموں کی روانی، آبشاروں کی گھن گرج ،پہاڑوں کی رفعت، دریاؤں اور ندیوں کا زیر و بم سب کچھ میرا ہی تو ہے، اس سب کو شاعروں اور ادیبوں نے میرے اندر سمویہ ہے، فن کاروں نے اس ہی کے نقش و نگار بنا کر مجھے حُسن و رعنائی عطا کی ہے، بچوں کی کوششِ گفتار، بڑوں کے علم و فراست کی منہ بولتی تصویر، صحافت کی تحریر اور سیاست کی تقریر میں ہی تو ہوں.

میں بلالحاظِ مذہب و ملّت اور جنسی تفریق سب کو ساتھ لئے چل رہی ہوں، میں نے کبھی کسی کا ساتھ نہیں چھوڑا، کسی کے دِل کو ٹھیس نہیں پہنچائی، کسی کی وراثت پر حریصانہ نظر نہیں ڈالی بلکہ ہر ایک کی اچھائی کو اپنے اندر جذب کیا ہے اور اسے حقیقی دوام بخشا ہے، میری ہمیشہ سے یہی کوشش اور دعا ہے کہ سب کو اپنے ساتھ لیئے چلتی رہوں، میں تو دلوں کو جوڑنے، رشتوں کو نبھانے، تعلقات بنانے اور دوریوں کو مٹانے والی ہوں، اب تو میرے چاہنے والے میری شمع فروزاں کو لئے برِ آعظم یورپ و امریکہ کے شہروں سے لیکر مشرقِ وسطیٰ کی بستیوں اور بازاروں تک آپہنچے ہیں اور انہیں کی بدولت اب روسی، یورپی اور امریکی اردو ادب و شاعری کی بنیادیں استوار ہو رہی ہیں.

پَر، اے میرے پیارو میرے چاہنے والوں یہ یاد رہے کہ میری جان میرے رسم الخط میں اور میری بقا اس کو آنے والی نسلوں تک منتقل کرنے میں ہے، ورنہ میری اور تمہاری داستاں تک نہ ہوگی داستانوں میں، میری بقا و دوام کو روٹی روزی سے جوڑنا ہے تو

ضروری، لیکن حالات کے تحت کسی حد تک ضروری دیوناگری رسم الخط کی آڑ میں میرے خلاف ہونے والی ذہن سازی کا شکار تم یہ کیوں بھول جاتے ہو کہ رزق پر کسی کا اجارہ نہیں، یہ تو منجاب اللہ ہے، وہ جسے چاہے جتنا چاہے رزق دیتا ہے، کیڑوں کو پتھروں میں، آبی مخلوق کو پانی میں، صحراؤں میں آہو کو، بنجر اور سنگلاخ زمینوں کے مکیں جانداروں اور بے آب و گیاہ لق و دق ریگستانوں کے زہریلے حشرات کو، جنگلوں کے وحشی درندوں کو اور برفانی علاقوں کی مخلوق تک کو رزق عطا کرتا ہے، تو کیا تم اپنے بچوں اور بچیوں کو اسکولوں میں اردو پڑھواؤ گے تو انہیں رزق نہیں دیگا؟

Story of Urdu by Urdu. Essay: Mohd Suleiman Dehlvi

* * *

۹

تاریخ وادب کا باہمی رشتہ

ڈاکٹر مرزا صبا عالم بیگ

تاریخ نویسی ایک فن ہے اور دیگر فنون کی طرح اس فن کے حوالے سے بھی اس کے محققین و مورخین کے یہاں اس فن کی تعریف، اس کی ضرورت اور اس کے فوائد اور تاریخ کے ماخذ سے متعلق مکمل بحث ملتی ہے۔ اس موضوع کی بنیادوں کتابوں میں تاریخ ابن خلدون، تاریخ فرشتہ، بغداد کا نام خصوصیت سے لیا جاتا ہے۔ اس میں اس کی پوری تفصیل دیکھی جاسکتی ہے۔ یہاں بطور اختصار فن تاریخ سے متعلق مفکرین کے بعض نظریات اور اس کا خلاصہ پیش ہے۔

علم تاریخ کی تعریف میں مفکرین کا اختلاف پایا جاتا ہے، چنانچہ کسی نے کہا کہ انسانوں کو یکجا ہو کر رہنے کو تمدن، اس انسانی مجمع کو مدینہ، اس مختلف حالتوں کو جو طبعاً اس کو عارض ہوں واقعات اور پچھلوں کو پہلوں سے کس کو واقعات کو اکٹھا کرنے اور اپنے سے پیچھے آنے والوں کی عبرت اور نصیحت کیلئے بطور نمونہ چھوڑ جانے کا تاریخ کہتے ہیں، لیکن سب سے بہتر تعریف یہ ہے کہ علم تاریخ اصطلاحاً اس علم کو کہتے ہیں جس کے ذریعہ بادشاہوں، فاتحوں اور مشہور شخصیتوں کے حالات و واقعات وغیرہ معلوم ہو سکیں اور جو

زمانہ گذشتہ کی معاشرت، اخلاق اور تمدن وغیرہ سے واقفیت کا ذریعہ بن سکے۔ یعنی بطور خلاصہ ہم کہہ سکتے ہیں بقید وقت حالات، اخبار لکھے جانے کو تاریخ کہتے ہیں۔

ادب کیا ہے اس کی ابتداء کب سے ہے انسانی زندگی کا سے اس کا کیا تعلق ہے۔ سماج میں اس کے کیا اثرات مرتب ہوتے ہیں اور ارباب فکر وادب نے اسے کن نگاہوں سے دیکھا ہے۔ اس پر تفصیل سے گفتگو ہو سکتی ہے۔ بلکہ ارباب ادب نے کی بھی ہے یہاں تفصیل سے گریز کرتے ہوئے ہم صرف اس تعلق سے گفتگو آگے بڑھاتے ہیں کہ آخر تاریخ کا ادب سے کیا رشتہ ہے اور کیا جس طرح تاریخ، انسانی ذہن، افسانی فکر اور سماج پر اثرات مرتب کرتی ہے، اسی طرح ادب بھی انہیں عوامل و اثرات سے کام لیتا ہے۔ اس سلسلہ میں سب سے نچی تلی اور پختہ بات کہی مجنوں گورکھپوری نے کہی کہ:

"ادیب کوئی راہب یا جوگی نہیں ہوتا، اور ادب ترک یا تپسیا کی پیداوار نہیں ہے۔ ادب بھی اسی طرح ایک مخصوص ہیئت اجتماعی، ایک خاص نظام تمدن کا پروردہ ہوتا ہے۔ جس طرح کہ کوئی دوسرا فرد اور ادب بھی براہ راست ہماری معاشی اور سماجی زندگی سے اُسی طرح متاثر ہوتا ہے جس طرح ہمارے دوسرے حرکات وسکنات۔ ادیب کو خلاق کہا گیا ہے لیکن اس کے یہ معنی نہیں کہ وہ قادر مطلق کی طرح صرف ایک 'کُن' سے جو جی چاہے اور جس وقت جی چاہے پیدا کر سکتا ہے۔ شاعر جو کچھ کہتا ہے اس میں شک نہیں کہ ایک اندرونی اُپج سے مجبور ہو کر کہتا ہے جو بظاہر انفرادی چیز معلوم ہوتی ہے۔ لیکن دراصل یہ اُپج اُن تمام خارجی حالات و اسباب کا نتیجہ ہوتی ہے جس کو مجموعی طور پر تمدن یا ہیئت اجتماعی کہتے ہیں۔ شاعر کی زبان الہامی زبان مانی گئی ہے۔ مگر یہ الہامی زبان درپردہ زمانہ اور ماحول کی زبان ہوتی ہے۔

اگر ایسا نہ ہوتا تو تاریخ ادب کی اصطلاح کے کوئی معنی نہ ہوتے۔ جرمنی کے مشہور فلسفی ہیگل نے فلسفے کو تاریخ مانا ہے۔ یعنی فلسفہ نام ہے انسان کے خیالات وافکار کے آگے بڑھتے رہتے اور زمانے کے ساتھ بدلتے رہنے کا۔ اسی طرح ادب بھی تاریخ ہے جس میں کسی ملک یا کسی قوم کے دور بہ دور بدلتے ہوئے تمدن کی مسلسل تصویریں نظر آتی ہیں۔ البتہ اس کیلئے دیدۂ بینا درکار ہے۔ فنون لطیفہ بالخصوص ادبیات کسی نہ کسی حد تک قوموں کے عروج وزوال کا آئینہ ضرور ہوتے ہیں۔"

تاریخ و ادب کی اس گفتگو کے بعد اب بظاہر یہ کہنے کی ضرورت باقی نہیں رہ جاتی ہے کہ دونوں کے مابین کیا رشتہ ہے۔ کیونکہ بار بار یہ بات دہرائی جاچکی ہے کہ ادب اپنے عہد کے ماحول، تہذیب طرز معاشرت اور طرز زندگی کی ترجمانی کا نام ہے۔ ہم جس عہد کا ادب پڑھتے ہیں گویا ہم اس عہد کی تاریخ پڑھتے ہیں مثلاً:

مرثیہ ایک صنف ہے اور اس میں شہید کربلا حضرت امام حسین اور ان کے جملہ رفقاء واحباب کی شہادت کے احوال اور اسیران کربلا کی اسیری کی کیفیات شاعرانہ انداز میں بیان ہوتی ہیں۔ اس سلسلہ میں انیس و دبیر کے مراثی حوالے کیلئے بہت کافی ہیں۔ اس سے انکار نہیں کہ ان مراثی میں مبالغہ سے بھی کام لیا گیا ہے لیکن مبالغہ بھی کسی بنیاد ہی پر ہوتا ہے۔ بہر حال وہ واقعات تاریخی ہیں، انداز پیشکش مبالغہ آمیز ہے گویا ادب کی یہ صنف ادب ہوتے ہوئے بھی ایک گونہ تاریخ ہے۔

شاہنامہ کی اپنی ایک شان ہے۔ ہمارے سامنے مختلف عہد کے شاہنامے ہیں ان میں شاہنامہ اسلام کو جو مقام و مرتبہ حاصل ہے اس سے کون انکار کرسکتا ہے۔ حفیظ جالندھری ایک بڑے شاعر تھے، غزل کہتے تھے لیکن غزل نے انہیں وہ زندگی نہیں دی

جو شاہنامہ اسلام نے نے دی۔ شاہنامہ اسلام اسلامی تاریخ کا وہ لازوال و مقبول منظوم گلدستہ ہے جس نے وجود میں آنے کے بعد ہر زمانے کے قاری کو اپنا اسیر بنائے رکھا۔

ظاہر ہے شاعری نے اسے ادب کا کہا ہے اور موضوع نے اسے تاریخ کا نام دیا ہے۔ گویا یہاں ادب اور تاریخ باہم گلے مل رہے ہیں۔ قدیم شاہوں سے منسوب قصائد آج بھی پڑھے پڑھائے جاتے ہیں۔ بتایا جائے کہ قصیدہ اگر شاعری کی ایک صنف ہے تو موضوع کے اعتبار سے اس کا رشتہ تاریخ سے جڑا ہوا نہیں ہے؟ افسانہ ادب کی ایک صنف ہے بعض ادباء نے تاریخی واقعات کو افسانوی انداز میں بیان کرنے کا کامیاب سلسلہ شروع کیا جن میں خواجہ حسن نظامی، ماہر القادری اور علامہ ارشد القادری کا نام سر فہرست ہے۔ ظاہر ہے ہئت کے اعتبار سے یہ ادب ہے لیکن موضوع کے اعتبار سے یہ تاریخ ہے۔

اب صرف ایک بات رہ جاتی ہے کہ کیا اثر ڈالنے میں ادب اور تاریخ دونوں کا کردار یکساں ہے؟ اور دونوں اس معاملہ میں یکساں مقام رکھتے ہیں۔ جواب یقیناً ہاں میں ہو گا کیونکہ ہمارے سامنے تاریخ کے ایسے شواہد موجود ہیں جس سے اثر اندازی میں دونوں کی یکسانیت کا اظہار ہوتا ہے۔

ہم دور نہ جاکر صرف یہ یاد کریں کہ کیا یہ واقعہ نہیں کہ جنگ آزادی میں ادبی شاعروں نے ہندوستانیوں کے سرد لہو کو شعلہ فشاں بنادیا تھا اور وہ ان کے ترانے سن کر اپنے وطن عزیز کی آزادی کیلئے آہنی تلوار بن کر غاصب انگریزوں کے سامنے ڈٹ گئے تھے۔ اگر جنگ آزادی میں ترانہ آزادی نے ہندوستانیوں کا خون گرمایا تھا تو یہ بھی واقعہ ہے کہ تاریخ اپنے خاندان کی ہو یا اپنے ملک کی، اسلامی ممالک کی ہو یا اسلامی روایات کی

اس کو پڑھ کر خون تو جوش مارتا ہی ہے، جذبے تو بیتاب ہوتے ہی ہیں اور جوش جنوں کچھ کر زرنے کیلئے آمادہ عمل تو کرتا ہی ہے۔ حاصل یہ کہ تاریخ وادب کے مابین گہرا رشتہ ہے اور یہ رشتہ مختلف نوعیتوں کا ہے جس سے انکار نہیں کیا جاسکتا ہے۔

The relationship of History & Literature. Essay: Dr. Mirza Saba Alam Baig

***

۱۰

ہم! جنہیں حرفِ دعا یاد نہیں -حیدرآباد کی تہذیب تمدن اور یادیں

علامہ اعجاز فرخ

آپ شاید اس بات سے اتفاق کریں گے کہ ماضی کو حال میں سفر کروا کر اس سے آپ بیتی کہلوانا صرف مشکل ہی نہیں بلکہ ناممکن ہے۔ شاید اس لئے بھی کہ حال تیز رفتار ہے۔ماضی سے گریزاں بھی ہے اسے صرف ایک داستان پارینہ کی حیثیت دے کر، بہت ہوا تو خوبصورت چرمی جلد میں محفوظ کر کے آبنوسی الماری میں یوں سجا رکھ سکتا ہے کہ شیشے کے پیچھے سے یہ خوبصورت جلد تو نظر آئے لیکن ماضی کو مہر بہ لب بھی رکھنا چاہتا ہے کہ اس کی گویائی کہیں انقلاب کا پیش خیمہ نہ بن جائے۔ ایسے میں اگر کسی کو ماضی کے لمحات کو تازہ کرنے کا شوق نہیں بلکہ سودا سمایا ہو تو اس کے لئے ایسی عالی ہمتی اور جواں مردی بھی چاہئے کہ وہ نہ صرف صدیوں کا فرزند بننے کا حوصلہ رکھتا ہو بلکہ صدیوں کے اس سفر میں آبلہ پائی کو اپنا مقدر بھی جانے۔ غار میں صدیوں سے گہری نیند کے بعد جب تھوڑی سی مدت بیداری کی ملی اور ان جاگنے والوں نے اپنے ہی شہر کو دیکھا تو نہ شہر نے ان کو پہچانا نہ انہوں نے شہر کو۔ گویا شہر نہیں بلکہ دہر بدل گیا تھا۔ پلکوں سے آشوب سنبھالا نہ

گیا تو دعا کی ہمیں اب قیامت تک کی نیند دے دے کہ اب تو اپنا آپ بھی نہ سنبھالا جائے ہے۔ وہ نیک اور مخلص لوگ تھے ان کی دعا عرش رسا تھی۔ ہاتھ تو ہمارے بھی اسی طرح اٹھے ہوئے ہیں اور خواہش بھی یہی ہے، لیکن قبولیت دعا اس لئے بھی نہیں ہوتی کہ ہمیں نہ رسم وفا یاد ہے اور نہ حرفِ دعا یاد۔

حیدرآباد اگر فرشتوں کا شہر ہوتا تو شاید اس کی کوئی آپ بیتی بھی نہ ہوتی۔ بھلا جہاں تموج نہ ہو، ہلچل نہ ہو، جنھیں پہلے پہل دل کے دھڑکنے کی صدا یاد نہ ہو ان کے کوائف کیا اور ان کی آپ بیتی کیا۔ صحرا کی خاموشی، دریا کی روانی، سمندروں کی گہرائی، بکھری ہوئی کہکشاں کا حسن، قوس قزح کے رنگ، نسیم سحر کی سبک خرامی، نکہت باد بہاری، کلی کی خاموشی کا تکلم، گلوں کی مہک کے ساتھ کانٹے کی کسک، حسن و عشق کا ملن، رقابت کی جلن، زمانے کا چلن، قدرت کے ان دیکھے ہاتھوں سے اس پوری کائنات کو اگر کہیں پوشیدہ رکھ دیا تھا تو وہ حیدرآباد تھا۔ خبر نہیں کہ یہ کوئی دیومالائی کہانی ہے یا الف لیلوی داستان، سنتے ہیں کہ اس شہر پرُفسوں میں کوئی شہزادی ہوا کرتی تھی۔ نہ ہوئے، باغ و بہار اور فسانۂ عجائب کے لکھنے والے کہ اس شہزادی کی سراپا نگاری کرتے تو ان گنت رنگ، راگ، راگنیاں حصار باندھے ہوتیں۔ میں ٹھہرا زبان کا پھوہڑ مجھ سے تو نہ زلف کا سنورنا لکھا جائے ہے نہ لٹ کا الجھنا۔ نہ جوڑے کا کھلنا نہ ریشم کے ڈھیر کا ہالہ کرنا، جیسے گھٹاؤں کے بیچ یکایک چاند کا روشن ہو جانا۔ نہ ابروؤں کی کٹیلی کمانوں کا تناؤ نہ ناوک فگنی کا انداز، نہ کچے دودھ میں گھلے سیندور جیسی رنگت کی تشبیہ، نہ یاقوتی ہونٹوں کی تراش، نہ عقیق یمن جیسی سرخیِ لب اور نہ اس کے پروے میں عدن کی موتیوں جیسی لڑیاں کہ کبھی کھل کھلا کر ہنس پڑے تو جھرنوں کا ترنم خاموش ہو جائے کہ راگنی کا بہاو خیال کے نازک پیرہن میں بے چین نہ ہو۔ خوشبو، رنگ گلاب اور مرمر کے تناسب کی مجھے کب خبر ہے کہ پھول

سی بانہوں کا تذکرہ ہو۔ کچھ یاد سا پڑتا ہے کہ لڑکپن اور جوانی کے جھٹپٹے کے بیچ آخر شب اور صبح کے اجالے کی آمد کے درمیان کسی نے چپکے سے جگا دیا تھا۔ کوئی تھا تو نہیں لیکن ایک ہلکی سی خوشبو جسے ہوا چرا نہ سکی، وجود میں محسوس ہو رہی تھی۔ دل نے کہا شمیمِ پیرہنِ یار۔

دروغ بر گردن راوی حسب روایت ایک شہزادہ جو مالک ہفت اقلیم تھا، بہادری اور جوانمردی کا جس کے شہرہ چار دانگ عالم میں تھا۔ شوق شکار میں نکلا۔ پانی ختم ہو چکا تھا۔ تلاش میں سر گرداں تھا کہ سامنے حسن مجسم کو دیکھ کر پیاس بھلا بیٹھا۔ چاہ سامنے ہو تو پیاس یوں ہی مٹ جاتی ہے۔ کسی کو پانے کی جستجو میں پانی کی حقیقت کیا ہے۔ شہزادی کو دیکھا۔ بس دیکھا کیا، حسن مکمل روبرو ہو تو عشق کو چپ لگ جاتی ہے۔ حسن کی پلکیں بوجھل ہو کر جھک جائیں تو اسی کو نظروں میں سمیٹ لینا کہتے ہیں۔ وہ مڑی، بادِ صبا ادب سے پیچھے پیچھے چلی۔ جاتے جاتے رکی، مڑ کر پھر سے شہزادے کو مبہوت دیکھ کر ہلکے سے مسکرائی پھر غائب ہو گئی۔ کوئی کہتا ہے یہ ملن بس لمحے بھر کا تھا، کوئی کہتا ہے وصل کا تو لمحہ ہی ایک ہوتا ہے اور صدیوں پر بھاری ہوتا ہے۔ صدیوں تڑپاتا ہے۔ حسن اور عشق کا ملن ہو اور رقابت کی جلن نہ ہو تو پھر داستان میں کیا رہ جاتا ہے۔ سنتے ہیں شہزادی کو کسی طلسم کدے میں قید کر کے اس کی آنکھوں میں سوئیاں چبھو دی گئی تھیں۔ امر بیل کے اس گھنے جنگل میں شہزادی کو پانے کی شرط ہی یہ تھی کہ شہزادہ اپنی تلوار سے ساری مزاحمتوں کو ہٹا کر۔ امر بیل کے حصار کو کاٹ کر۔ شہزادی کی آنکھوں کی سوئیاں نکال دے تو شہزادی آزاد ہو کر اس کی بانہوں میں سما جائے گی۔

شہزادے نے محافظوں سے بڑی خون ریز جنگ کی۔ پہرہ داروں کو قتل کیا۔ خاردار راہوں میں پیر زخمی بھی ہوئے۔ امر بیلوں کو کاٹ کر راستہ بنانے میں کبھی بازو شل بھی

ہو جاتے تھے لیکن پانے کی جستجو کبھی تھکنے نہیں دیتی۔ جب آخری امبر بیل کو کاٹ کر اس نے طلسم کدے کا دروازہ کھولا تو شہزادی کو کھڑی پا کر وہ بے ساختہ اسکی آنکھوں سے سوئیاں نکال پھینکنے کے لئے آگے بڑھا۔ لیکن سوئیاں تو کب کی زنگ آلود ہو چکی تھیں۔ شہزادی تو جی سے گذر گئی لیکن کھلی آنکھوں میں انتظار چھوڑ گئی۔ اس کے بعد شہزادے پر کیا گذری اس بیان اور شرح بیان کی ضرورت کب باقی رہ جاتی ہے۔

راوی بیان کرتا ہے اس حیدرآبادی شہزادی کا نام "تہذیب" تھا اور شہزادہ "تمدن" تھا۔ آپ کو شاید یہ خیال گذرے کہ میں میر محبوب علی خاں کے دور سے سن ۱۹۴۸ تک اور ۱۹۴۸ سے ۲۰۱۴ تک کی تاریخ کا تذکرہ کر رہا ہوں۔ میں تو صرف یہ کہہ رہا تھا کہ وہ ابدی نیند ہمارے مقدر میں کہاں۔ ہم جنھیں رسم وفا یاد نہیں، ہم جنھیں حرف دعا یاد نہیں۔

حیدرآباد میں معیار معاشرت الگ الگ تھے، امیری اور غریبی کا تو چولی دامن کا ساتھ ہے لیکن تہذیب ہر طبقے میں قدر مشترک تھی۔ محلوں اور محل سراؤں کا تو پوچھنا کیا۔ حاجب، خدمتگار، فراش، جاروب کش، حقہ بردار، سائس، کوچوان، چوبدار، رکاب دار، عصابردار، مالی، مالن، کاماٹی، کاماٹن، ماما، مغلانی، اصیل کنیز، لونڈی، باندی، جسولیناں، قلماقنیاں، خاکروب، حقہ بردار، سقہ، جسے بہشتی بھی کہا جاتا تھا، تو ہمہ وقتی دیوڑھیوں کے ملازم تھے۔ شرفاء کے گھر اتنے ملازم نہ سہی لیکن طرز بود و باش میں سلیقہ وہی تھا۔ اور تو اور غریب بھی کسی سے پیچھے نہ تھے۔ وہاں دالان، پیش دالان اور بچھے ہوئے تخت، قالین کا فرش، سفید دو گھوڑے کی بوسکی کی ملائم چاندنی، پختہ چھت، چھت سے آویزاں فانوس اور فرشی جھاڑ تو یہاں لال مٹی کے لیپے ہوئے دالان میں شطرنجی اور چھلواری کی چاندنی کا فرش، دیوار سے گاؤ تکیہ اور پاندان تو تمام طبقوں میں مشترک تھے۔ امراء اور رئیسوں

کی بیگمات کے وقار اور مرتبہ کا اندازہ صرف ان کے پاندان سے لگایا جاتا تھا۔ امراءکے گھروں میں ڈہائی سیری کریم نگر کی مھین جالی کے دومنزلہ پاندان، بالائی منزل میں مھین تراشی ہوئی چھالیہ کی پرتیں، کچھ مشک، کچھ زعفران اور کچھ عنبر میں بسائی ہوئی سونے اور چاندی کے ورق میں لپٹی ہوئی۔ الائچی، لونگ، جوز، جوتری، زغفران، سونف، تراشا ہوا کھوپرا، حسب ذوق زردہ و قوام، بریلی کا کتھا اور کانپوری کتھے کی بڑی اور پپڑی اور چونا خالص عرق گلاب میں بجھایا ہوا اور مھیں ململ سے چھانا ہوا۔ پان بنانے کے انداز میں بھی ایک خاص سلیقہ ہوا کرتا تھا۔ زانو پر بچھی ہوئی سرخ صافی، خاصدان سے کلی دار پان کو چن کر پہلے باریک قینچی سے یوں تراش لیا جاتا تھا کہ کنارے یکساں ہو جائیں یہی تراش تو بیگم صاحبہ کی خاص ہنرمندی تھی جو ان کی مہارت کا ثبوت تھی۔

پھر پان کی نس علحدہ کرلی جاتی اور پان پر پان جوڑ کر حسب موسم سلائی سے چونا لگایا جاتا تھا کہ جاڑوں میں زعفران اور گرما میں گلاب یا کیوڑے میں کھلی کلی کا چونا ہو۔ بعض گھرانوں میں خشک کتھا اور بعض میں شیر بادام میں پکایا ہوا کتھا استعمال ہوتا تھا۔ چھالیہ، چکنی، سپاری، نرملی، جوز، جوتری، الائچی اور جو پسندیدہ ہو تو گلقند کے اضافہ بعد گلوری کو موڑ کر چاندی لپٹا لونگ ٹانک دیا جاتا تھا اور اس پر حسب مراتب چاندی یا سونے کا ورق لپیٹ کر چاندی کی طشتری میں سرخ مخمل اور اسپر گلوری رکھ کر پیش کی جاتی تھی۔ قبول کرنے والا ل سروقد اٹھ کر تعظیم بجالاتا اور پان قبول کرکے سلام کے عوض ڈھیروں دعاؤں کی سوغات بھی پاتا تھا۔

ادھر اگالدان ابھی استعمال ہوا ہی تھا کہ کنیز نے فوراً اگالدان بدل دیا۔ اگالدان بھی پاندان ہی کی طرح مرصع ہوا کرتے تھے۔ سقوط حیدرآباد کے بعد جب پڑوسی درآئے تو وہ اگالدان کے استعمال سے ناآشنا تھے۔ دفاتر معتمدی جسے آج سکریٹریٹ کہا

جاتا ہے۔ عدالت العالیہ جیسے ہائیکورٹ کہتے ہیں وہاں ہر اجلاس پر اگالدان ہوا کرتے تھے۔ ایسے میں نئے عہدیداروں نے اگالدانوں کا بطور گلدان استعمال کیا۔ عدالت میں چونکہ جج کی کرسی اونچی ہوا کرتی تھی اس لئے اس کے پہلو میں اگالدان بھی اونچے تھے۔ یہی اگالدان بعض عہدیداروں کے دیوان خانوں میں استقبالیہ گلدان کی صورت خوب سجائے گئے۔

پان اور پاندان حیدرآبادی تہذیب کا ایک اہم باب ہے۔ کوئی مہمان جب گھر آئے تو اسکی تواضع استقبالیہ پان اور عطر سے کی جاتی تھی۔ حسب موقع تواضع کے بعد بوقت رخصت بھی پان پیش کیا جاتا اور ساتھ میں عطر کی سوغات بھی دی جاتی تھی۔ بیگم صاحبہ کے دو منزلہ پاندان کی بالائی کشتی کے نیچے ایک اور منزل ہوا کرتی تھی جس کے مختلف خانوں میں چاندی کے مختلف سکے اور ایک خانہ میں چھوٹی اشرفیاں بھی ہوا کرتی تھیں۔ ان کے درمیان بیگم صاحبہ اپنی پسندیدہ انگشتریاں بھی رکھ چھوڑا کرتیں کہ دن، تاریخ یا لباس کی مناسبت سے بدل سکیں۔ عزیز رشتے داروں میں کوئی مہمان آتا اور لڑکیاں بالیاں بیگم صاحبہ کے سلام کو حاضر ہوتیں تو سلام، آداب، تسلیم، بندگی کے عوض دعاؤں کی سوغات تو ہوتی ہی تھی۔ لیکن مٹھی بھر سکے نکال کر مغلانی کو آواز بھی دیدیا کرتی تھیں اور ساتھ ہی یہ بھی کہ لو ان بچوں کا صدقہ ہے۔ فقیروں ناداروں میں خیرات کروادینا۔

نواب وقار الامراء، خورشید جاہ، آسمان جاہ کی بیگمات کے پاندان کا تو تذکرہ کیا ہے۔ لیکن جب چوکڑے اور بگھیاں نہ ہوا کرتی تھیں بلکہ سواریوں میں پالکی کا استعمال ہوتا تھا اس دور کبھی بیگم صاحبہ خاندان میں کہیں مہمان تشریف لے جایا کرتیں تو ایک پالکی میں خود بدولت اور دوسری پالکی میں کنیز بیگم صاحبہ کا پاندان لئے ساتھ ہوتی تھیں۔ دونوں پالکیوں کا احترام کیا جاتا تھا کہ پاندان بھی تو بیگم صاحبہ کا تھا۔ کسی بیگم کے مرتبے کا اندازہ

ان کے پاندان کے خرچ سے کیا جاتا تھا۔ جتنے بڑے رئیس کی بیگم ہوں اتنا ہی ان کے پاندان کا خرچ بھی ہوا کرتا تھا۔

شام کے خاصہ کے بعد بیگم صاحبہ کے ہاتھ کا پان نہ ہوا تو سمجھ لیجئے کہ صاحب کی زندگی میں کوئی کمی ہوگئی۔ بھلے ہی زندگی میں سر پر ڈوپٹے کا فیروزی آنچل ڈالے، کھلتے ہوئے شہابی رنگ، ناز وادا سے اٹھلا کر روبرو بیٹھے کتنی ہی نازک انگلیوں نے پان پیش کئے ہوں گے اور انعام بھی پائے ہوں گے لیکن باہر کی موج اور ہے بیگم کی نوج اور۔ کبھی یوں بھی ہوا کہ سہ پہر کے بعد بیگم صاحبہ غسل فرما کر حمام سے برآمد ہوا کرتیں۔ بانس کی ٹوکری کے نیچے انگاروں پر عود و اگر کے دھوئیں سے بالوں کو خشک کر کے اپنی الماری سے "باسی دلہن" عطر کا پھایہ انگوٹھی کے نیچے دبائے پان بنا کر چاندی کی مرصع ڈبیہ میں کنیز کے ذریعہ مردانہ میں نواب صاحب تک پان بھجوادیا کرتی تھیں تو منہ چڑھی کنیز واپس آکر نواب صاحب کی کھینچ کر رکی ہوئی سانس اور ہونٹوں پہ ہلکے سے تبسم کا تذکرہ بیگم صاحبہ سے الفاظ میں تھوڑی ادا کرتی تھی بس زیر لب تبسم ہوا کرتا تھا۔ تب بیگم صاحبہ مغلانی کو آواز دے کر کہتی تھیں "اے بوا انگیٹھی کا انتظام کرو، بہت دن ہوگئے نواب صاحب نے میرے ہاتھ کے سفید قورمہ کی فرمائش کی تھی"۔ مغلانی بھی کئی برساتیں دیکھ چکی ہوتی تھی۔ مسکرا کر "جی ابھی" کہہ کر سارا انتظام فوراً کر دیا کرتی تھی۔ مزاج شناس اور تبسم شناسی میں یہی تو ربط باہم ہے۔

دور گذر گئے زمانے گذر گئے اس دور میں بیٹے جوان تو کجا شادی شدہ بھی ہو جاتے بلکہ کئی بچوں کے باپ بھی ہو جاتے تو مجال نہ تھی کہ بزرگوں کے آگے پان کھائے منہ لال کئے چلے آئیں۔ یہ تو سب ہم عمر اور ہم مرتبہ لوگوں کے درمیان کے شوق تھے۔ دادا کے آگے پوتے جوان ہو جاتے لیکن بیٹا باپ سے نظریں ملا کر بات نہیں کیا کرتا تھا بلکہ

ماں باپ کے آگے ہمیشہ نظریں جھکی ہوتی تھیں۔

ہر سواری پر پردہ عام تھا۔ پاندان عام تھے۔ بزرگوں کا احترام عام تھا۔ وسیع اور عریض صحن عام تھے۔ دالان، پیش دالان، دیوان خانوں کی تہذیب منفرد تھی۔

آج معلوم نہیں خدا کی زمین تنگ پڑگئی ہے یا ہمہ منزل عمارتوں کی بلندی پر پہنچ کر انسان خدا بلند کہلانا چاہتا ہے۔ صرف عمارتیں بلند ہوتی جارہی ہیں۔ انسان کے قد کا مجھے پتہ نہیں۔ لیکن سنتا ہوں کہ آج کل ماں باپ کی گھروں میں جگہ نہیں۔ ماں کسی بیٹے کے گھر ہوتی ہے تو باپ کسی بیٹے کے گھر۔ جس بیٹے کے گھر ماں ہوتی ہے وہاں ملازمہ برخواست کر دی جاتی ہے۔ جس بیٹے کے گھر باپ ہوتا ہے وہاں بچوں کو اسکول لے جانے والا اور بازار سے سودا سلف لانے والا نوکر نکال دیا جاتا ہے۔ آج کے دور کی تہذیب یہی ہے۔ آج اسی کو تمدن کہتے ہیں۔ پادری چرچ کو بلا رہا ہے۔ مبلغ دعوت تبلیغ دے رہا ہے۔ ناصح نصیحتوں میں مصروف ہے۔ ہمارے تو اب دعا کیلئے ہاتھ بھی نہیں اٹھتے۔

ہم جنھیں رسم وفا یاد نہیں
ہم جنھیں حرف دعا یاد نہیں

The culture & memories of Hyderabad Deccan. Essay: Aijaz Farruq

***

۱۱

بامحاورہ زبان سے بے قاعدہ بول چال تک

سہیل انجم

اردو زبان کے تعلق سے موجودہ حوصلہ شکن ماحول میں بھی اگر کوئی اخبار یا رسالہ کسی مترجم کے لیے اشتہار شائع کرتا ہے تو کہتا ہے

"ضرورت ہے ایسے مترجم کی جو اردو میں بامحاورہ ترجمہ کرنے کی صلاحیت رکھتا ہو"۔

گویا اچھی زبان وہی ہوتی ہے جو بامحاورہ لکھی اور بولی جائے۔ اگر کوئی پوچھے کہ یہ بامحاورہ زبان کیا ہے تو اس کا جواب بہت آسان ہے۔ یعنی ایک ایسی زبان جس میں مفہوم کی ادائیگی میں محاوروں کا استعمال کیا جائے۔ مثال کے طور پر اگر کسی پروڈکٹ کے خریدنے پر دوہرا فائدہ ہو رہا ہو تو کہیں گے کہ یہ تو آم کے آم گٹھلیوں کے دام والا معاملہ ہے۔ یا پھر اگر کسی سے کوئی بات جاننے کی کوشش کی جائے اور وہ شخص بولنے کے لیے تیار نہ ہو تو کہیں گے کہ اس نے تو اپنے ہونٹ سی لیے ہیں۔ حالانکہ نہ کوئی اپنے ہونٹ سیتا ہے اور نہ ہی یہ قابل عمل ہے۔ جب خلاف توقع کوئی شخص کسی بڑی دشواری میں پھنس جاتا ہے تو کہتا ہے کہ میرے پیروں تلے زمین نکل گئی۔ جبکہ زمین کہیں نہیں جاتی وہیں رہتی مگر دشواری کی شدت کو ظاہر کرنے کے لیے ایسا کہا جاتا ہے۔ اس کی دوسری بہت

سی مثالیں بھی پیش کی جاسکتی ہیں۔ جیسے کہ معروف شاعر، ادیب اور صحافی حسن کمال نے ۳مئی ۲۰۱۴ کو روزنامہ راشٹریہ سہارا میں شائع اپنے کالم میں دہلی انتخابات میں عام آدمی پارٹی کی کارکردگی کے بارے میں ایک جملہ لکھا ہے کہ

"میڈیا کے جغادریوں کو بھی خبر نہیں تھی کہ عام آدمی پارٹی صرف کانگریس کا نہیں بی جے پی کا بھی 'دھڑن تختہ' کر ڈالے گی"۔

اس قسم کی زبان موثر بھی ہوتی ہے اور خوبصورت بھی۔ وہ جہاں پڑھنے اور سننے میں لطف دیتی ہے وہیں مفہوم کی ادائیگی میں بھی بڑی تاثیر رکھتی ہے۔

ایک زمانہ تھا جب بامحاورہ زبان ہی چلتی تھی۔ ایک سے ایک صاحب طرز ادیب اور صحافی پیدا ہوتے تھے۔ لیکن آزادی کے بعد جس طرح ایک سازش کے تحت اردو زبان کو مٹانے کی مہم چلائی گئی اس نے واقعتاً اس زبان کو بے پناہ نقصان پہنچایا ہے۔ آج اردو کے صحافی ہوں یا اساتذہ غلط اردو بولنے اور لکھنے میں انھیں کوئی عار نہیں ہے۔ حالانکہ زبان کی درستگی کے معاملے میں انہی دونوں پر سب سے زیادہ ذمہ داری عائد ہوتی ہے۔ لیکن یہی دونوں اس زبان کے بگاڑ کے زیادہ ذمہ دار ہیں۔ اگر کوئی شخص کوئی نئی زبان سیکھنا چاہتا ہے تو اس کو مشورہ دیا جاتا ہے کہ وہ اس زبان کا اخبار پڑھے۔ اس کی کم از کم دو وجہیں ہیں۔ ایک تو یہ کہ اخبار میں آسان، عام فہم اور سلیس زبان استعمال ہوتی ہے اور دوسرے یہ کہ عام طور پر یہ سمجھا جاتا ہے کہ اخبار میں کام کرنے والے اس زبان کی باریکیوں اور نزاکتوں سے کماحقہ واقف ہوتے ہیں۔ جہاں تک اردو اساتذہ کی بات ہے تو یونیورسٹیوں اور کالجوں میں زبان کی تاریخ کے ساتھ ساتھ ادب پڑھانے والے اساتذہ مذکورہ زبان کے عالم اور ماہر ہوتے ہیں اور ان سے یہ توقع ہوتی ہے کہ وہ جو کچھ بھی پڑھائیں گے درست پڑھائیں گے اور طلبہ کو زبان و ادب کی تمام باریکیوں سے اس طرح

واقف کرائیں گے کہ وہ درست زبان کو اپنا اوڑھنا بچھونا بنالیں۔

لیکن اگر ہم موجودہ عہد میں ان دونوں شعبوں کا جائزہ لیں تو پائیں گے کہ صورت حال مایوس کن ہے۔ ایک بار اردو کے ایک بڑے اخبار کے ایک سینئر صحافی سے راقم الحروف نے پوچھا کہ آپ کا اخبار تو بند ہو گیا اب آپ اردو کا کون سا اخبار خریدتے اور پڑھتے ہیں؟ انھوں نے ایسا جواب دیا جو پہلے تو بہت برا لگا مگر بعد میں وہ صحیح لگنے لگا۔ انھوں نے کہا کہ میں اس وقت کوئی اردو اخبار نہیں خریدتا۔

میں نے کہا کہ زندگی بھر آپ اردو کی روٹی توڑتے رہے اور اب اردو اخبار ہی نہیں پڑھتے۔ انھوں نے جھنجھلاتے ہوئے کہا کہ ارے بھائی ان اخباروں کو پڑھ کر کون اپنی زبان خراب کرے گا۔ اگرچہ یہ ایک بہت انتہا پسندانہ، مایوس کن اور الزامی جملہ ہے لیکن کسی نہ کسی حد تک حقیقت کے قریب بھی ہے۔

اگر ہم دہلی کے اخباروں کی بات کریں تو بعض اوقات بڑی کوفت ہوتی ہے۔ ہندی کے اخبار یا ہندی کے نیوز چینل غلط اردو استعمال کریں تو بات سمجھ میں آتی ہے لیکن اردو کے صحافی جب غلط زبان لکھتے ہیں تو تکلیف ہوتی ہے۔ چند مثالیں دینا چاہوں گا۔

آجکل اخباروں میں "رحمِ مادر" کو عام طور پر "مادرِ رحم" لکھا جارہا ہے اور دھڑلے سے لکھا جارہا ہے۔ یہ کسی ایک اخبار کا معاملہ نہیں ہے۔ راقم نے کئی اخباروں میں اسی طرح لکھتے ہوئے دیکھا ہے۔ ایک روزنامہ اخبار میں صفحہ اول پر کسی اہم شخصیت کے انتقال کی خبر شائع ہوئی۔ خبر میں لکھا گیا کہ "انھیں مختلف بیماریوں کے امراض کے تحت اسپتال میں داخل کرایا گیا تھا"۔ یہ تو بالکل ایسا ہی ہے جیسے کہ بقول اسیم کاویانی "لب دریا کے کنارے کا ساحل"۔ اضافت لگانے کا یہ سلسلہ اگر یوں ہی دراز ہوتا رہا تو "شب برات کی رات" اور "آب زم زم کا پانی" جیسی ترکیبیں بھی شرم سے پانی پانی ہو جائیں گی۔ انھی

اخباروں میں کبھی کبھی "میدانِ جنگ" کو "جنگِ میدان" بھی بنا دیا جاتا ہے۔ ایک بڑے روزنامہ اخبار کے رپورٹر نے اپنی رپورٹ میں لکھا "اس بات کا یقینی شبہ ہے"۔ یعنی شبہ اپنی جگہ پر کافی نہیں تھا، اس میں بھی یقین ٹھونس دیا گیا۔ اسی اخبار میں ایک صحافی کی گرفتاری کو اس کے رہا ہو جانے کے بعد بھی "مبینہ گرفتاری" لکھا جاتا رہا۔ گویا لفظ مبینہ کہاں اور کیسے استعمال ہو گا اس بارے میں رپورٹر کو پتا نہیں۔ ایک بار ایک یونیورسٹی میں مرثیہ پر ایک سمینار ہوا۔

ایک اخبار میں اس تعلق سے شائع ہونے والی رپورٹ کی سرخی تھی "رسائی ادب پر سمینار"۔ س والے رسائی اور ث والے رسائی میں گویا کوئی فرق نہیں ہے۔ مشکل الفاظ کا بگڑنا تو سمجھ میں آتا ہے لیکن جب آسان الفاظ بھی بگاڑ کر غلط طریقے سے لکھے جائیں تو پھر کیا کہا جائے۔ ایک اخبار میں پانی کی نکاسی کے لیے سڑک کے کنارے بنائی جانے والی "جالی" کو "جعلی" لکھا گیا۔ گویا اس قاعدہ کے مطابق "جعلی ڈاکٹر" کو "جالی ڈاکٹر" کہا جائے گا۔ لفظ صحیح کو بھی بعض اوقات غلط کر کے "سہی" لکھا جاتا ہے اور آڈیٹوریم کے معنی والے "ہال" کو "حال" کر دیا جاتا ہے۔

ایک روزنامہ اخبار میں دہشت گردی سے متعلق ایک خبر میں جسٹس عقیل رضوی کو جسٹس اکھل رضوی لکھا گیا۔ شائد یہ خبر ہندی سے ہوتے ہوئے اردو میں آئی ہو گی۔ اسی لیے عقیل صاحب اکھل صاحب ہو گئے۔ بالکل اسی طرح جس طرح "چاند خاں" مختلف ملکوں کا سفر کرتے کرتے چ کے جیم اور جیم کے گاف میں بدلتے بدلتے مضحکہ خیز نام میں تبدیل ہو گئے۔

ہمارے بعض اخبارات دوسری زبانوں کے الفاظ کو استعمال کرنے میں اپنی فیاضی دکھاتے ہوئے پورا کا پورا جملہ دوسری زبان کا لکھ دیتے ہیں۔ کسی دوسری زبان کے الفاظ

کو اپنی زبان میں استعمال کرنا معیوب نہیں لیکن یہ استعمال احسن طریقے سے ہونا چاہیے بھونڈے طریقے سے نہیں۔ دوسری زبانوں کے الفاظ کو حسن کاری کے ساتھ اور بر محل استعمال کرنے سے کبھی کبھار جو حسن پیدا ہوتا ہے وہ اپنی زبان کا لفظ بھی پیدا نہیں کر پاتا۔ سرسید نے اس فن کو دوسری زبانوں کے الفاظ کو اردو زبان میں پچی کاری قرار دیا ہے۔ لیکن دیکھا گیا ہے کہ دوسری زبان کے لفظ کو اس لیے جوں کا توں رکھ دیا جاتا ہے کہ مترجم یا خبر نویس کو اس لفظ کا متبادل معلوم نہیں ہوتا۔ حالانکہ اگر وہ تھوڑی سی مشقت کرے تو متبادل سامنے موجود ہوتا ہے۔ ایک شہر میں فساد کے بعد کرفیو لگ گیا اور انتظامیہ نے دیکھتے ہی گولی مار دینے کا حکوم صادر کر دیا۔ ہندی کے ایک بڑے روزنامہ اخبار نے شہ سرخی لگائی "فسادیوں کو دیکھتے ہی گولی مار دینے کا حکم"۔

لیکن دہلی کے ایک بڑے اردو اخبار نے اس جملے کو یوں لکھا "شوٹ ایٹ سائٹ کا آرڈر"۔ گویا اردو میں دیکھتے ہی گولی مار دینے کا وہ اثر فسادیوں پر نہیں ہوگا جو شوٹ کرنے کا ہوگا۔ پہلے اخبارات کے دفاتر میں اصطلاح سازی کا عمل بھی ساتھ ساتھ چلتا تھا۔ مگر اب یہ سلسلہ تقریباً بند سا ہو گیا ہے۔ پرانی اصطلاحیں تو استعمال ہی نہیں ہوتیں یا ان کے استعمال کا سلیقہ ہی نہیں ہے تو پھر نئی اصطلاحیں کہاں سے بنائی جائیں گی۔ جب انگریزی اور ہندی کے مشکل الفاظ کا ترجمہ نہیں کیا جاتا انھیں جوں کا توں رکھ دیا جاتا ہے تو پھر اصطلاحوں کا معاملہ تو کافی پیچیدہ ہے۔ حالانکہ اردو صحافیوں کو اپنی زبان کو صیقل کرنے کے لیے جہاں زبان کی اغلاط کو درست کرنے کی کوشش کرنی چاہیے وہیں اصطلاحات کے بارے میں بھی باخبر ہونا چاہیے۔

جب زبان زوال پذیر ہوتی ہے تو ہر سطح پر ہوتی ہے۔ بعض اردو اساتذہ بھی اس سے محفوظ نہیں ہیں۔ بعض اوقات تو ان سے بھی ایسی فاش غلطیاں ہوتی ہیں کہ حیرت ہوتی

ہے۔ ایک پروگرام کے دوران ایک پروفیسر صاحب علامہ اقبال پر تقریر کر رہے تھے۔ انھوں نے بولتے بولتے کہا کہ "علامہ اقبال نے جو خامہ فُرسائی کی ہے"۔ حالانکہ صحیح لفظ خامہ فَرسائی ہے۔ فرسائی فرسودہ سے بنا ہے جس کا مطلب ہے گھسا پٹا۔ کہا جاتا ہے کہ "یہ موضوع بہت فرسودہ ہو گیا ہے" یعنی گھسا پٹا ہو گیا ہے۔ اسی طرح خامہ فرسائی کا مطلب ہوتا ہے قلم گھسنا۔ یہ لفظ عام طور پر اپنے بارے میں خاکساری و انکساری کے اظہار کے طور پر بولا جاتا ہے۔ یعنی میں نے کام کیا کیا ہے بس قلم گھسا ہے۔ لیکن پروفیسر مذکور نے اسے علامہ اقبال پر فٹ کر دیا اور وہ بھی غلط طریقے سے۔

ایک دوسرے پروفیسر صحت کے موضوع پر اپنی تقریر میں "حفظانِ صحت" کو بار بار "حفظانُ صحت" بول رہے تھے۔ "آغاز شروع ہونا" تو اب عام ہو گیا ہے۔ کم پڑھے لکھے لوگ ایسا لکھتے ہی ہیں تعلیم یافتہ افراد بھی بعض اوقات اسی طرح گفتگو کرتے ہیں۔ اس وقت کوئی تعجب نہیں ہو گا جب اردو کا کوئی استاد بھی کہے یا لکھے کہ "فلاں کام کا آغاز شروع ہو گیا ہے"۔ چلیے یہ تو دیکھ لیا کہ آغاز شروع ہو گیا ہے اب یہ دیکھنا رہ گیا ہے کہ اختتام کب ختم ہو گا۔

اردو کے ایک معروف کالم نگار جو خیر سے خود کو دانشور بھی سمجھتے ہیں ایک سمینار میں مقالہ پڑھتے پڑھتے خوب دلچسپ غلطی کر بیٹھے۔ انھوں نے کچھ شخصیات کے نام لیتے ہوئے کہا کہ "اس میدان میں جن لوگوں کی خدمات ہیں ان کے نام نوش فرمائیں"۔

شائد انھوں نے گوش فرمائیں کہا ہو جو میں نے نوش فرمائیں سن لیا۔ خاکسار نے ان سمیت کئی اردو قلمکاروں کو "استفادہ حاصل کرنا" بولتے ہوئے سنا ہے۔ ہندی والے جس طرح اردو زبان کے بعض مشکل الفاظ کو آسان بنانے کے چکر میں ان کا تیا پانچہ کر دیتے ہیں اسی طرح ہم بھی کرنے لگتے ہیں۔ ایک لفظ "حواس باختہ" ہے۔ باختہ کا مطلب ہے

ہارا ہوا۔ حواس باختہ کا مطلب ہوا ہوش و حواس ہار جانے والا یا کھو دینے والا۔ ہندی والوں نے پہلے اسے "حواس فاختہ" کیا اور اس کے بعد "ہوش فاختہ" کر دیا۔ گویا خلیل خاں کی فاختہ کی مانند ہوش اڑ گئے۔ اگر ہندی والے حواس باختہ ہونے کو "ہوش فاختہ ہونا" لکھیں تو قابل معافی ہے۔ لیکن اگر اردو والے بھی حواس فاختہ کہیں تو معافی کے قابل نہیں۔

یہ کچھ مثالیں تھیں جو پیش کی گئیں۔ ورنہ اگر یہ کہا جائے کہ آوا کا آوا ہی بگڑا ہوا ہے تو شائد غلط نہیں ہو گا۔ جب زبان کا زوال ہوتا ہے تو ادب کے پروان چڑھنے کے باوجود زبان کا معیار پست ہوتا رہتا ہے۔ آج اردو ادب مائل بہ ترقی ہے مگر وہ ادیب پیدا ہونا آج بند ہو گئے جو پہلے کبھی ہوا کرتے تھے اور جن کے دم سے اردو زبان کا ادبی سرمایہ مالامال ہوتا رہا ہے۔ اردو کے کیسے کیسے صاحب طرز ادیب پیدا ہوئے ہیں۔ اور یہ کوئی زیادہ پرانی بات نہیں۔ ہندوستان کو آزاد ہوئے ابھی تو ایک صدی بھی نہیں گزری مگر اردو پر اس کے زوال کی جیسے کئی صدیاں گزر گئیں۔ چلیے مولوی محمد حسین آزاد پیدا نہ ہوں نہ سہی، کوئی ڈپٹی نذیر احمد سامنے نہ آئے تو کوئی بات نہیں، علامہ راشد الخیری کا دوبارہ جنم نہ ہو تو بھی قابل برداشت ہے، مولانا ابوالکلام آزاد دکھائی نہ دیں تو بھی فکر کی کوئی بات نہیں۔ مگر اب ملا واحدی کیوں پیدا نہیں ہوتے۔ مولانا عبد الماجد دریابادی کہاں چلے گئے۔ خواجہ حسن نظامی کہاں غائب ہو گئے۔ شاہد احمد دہلوی کہاں روپوش گئے۔ علی ہذا القیاس عام فہم زبان میں انتہائی موثر اور میٹھی زبان لکھنے والے ادیبوں کا کیوں ٹوٹا ہو گیا۔

اس مضمون میں جن اغلاط کی نشاندہی کی گئی ہے وہ محض چند مثالیں ہیں جسے مشکل زبان میں مشتِ از خروارے کہیں گے۔ ورنہ اگر اس قسم کی اغلاط کی فہرست سازی کی جائے تو وہ طولِ شبِ ہجراں سے مختصر نہیں ہو گی۔ اگر کوئی شخص دہلی کے صرف پانچ

بڑے روزنامہ اخباروں کا ایک ماہ تک بالاستیعاب مطالعہ کر کے غلطیوں کی نشاندہی کر دے اور سمیناروں کے سیزن میں ادیبوں اور صحافیوں کے ایک درجن سمیناروں کی تمام نشستوں میں شرکت کر لے تو "اغلاط نامہ" نام کا ایک کتابچہ تیار کیا جا سکتا ہے۔ کسی بھی زبان کی اپنی گرامر ہوتی ہے اور درست زبان لکھنے کا قاعدہ ہوتا ہے۔ درست اردو لکھنے کا بھی قاعدہ موجود ہے۔ مگر آج اس زبان کے بولنے اور لکھنے والوں پر بے قاعدگی مسلط ہو گئی ہے۔ آج غلط اردو لکھنے کے سلسلے میں جو آپا دھاپی ہے وہ بالکل کسی ایسے مصروف چوراہے جیسی ہے جہاں کی ریڈ لائٹ خراب ہو گئی ہو اور راہ گیر آگے نکل جانے کی جد و جہد میں ایک دوسرے کو کچلتے ہوئے بعجلت تمام دائیں بائیں سے بھاگنے کی کوشش کر رہے ہوں۔

From the softness of the language to its spoken irregularity.
Essay: Suhail Anjum

***

۱۲

فلموں میں ادب

ڈاکٹر قاسم خورشید

ہندوستانی فلموں کی سو سالہ تاریخ کو ملحوظ رکھتے ہوئے مجھے یہ کہنے میں تامل نہیں ہے کہ ادب کے فروغ میں فلموں نے اہم ترین رول ادا کیا ہے۔ جب بھی ادب میں عوامی سروکاروں کا معاملہ زیر بحث ہوا کرتا ہے تو عام آدمی ہمارے پیش نظر ہوتا ہے اور یہی عام آدمی فلموں، مقبول عام ادب، تفریحی ادب اور عوامی ادب سے براہ راست جڑا ہوتا ہے۔ بعض مصلحتوں کے پیش نظر ہم اس عام آدمی کو اپنے نام نہاد ادب سے دور رکھنے کی کوشش کرتے ہیں۔ یعنی جو تخلیق ہماری سمجھ سے دور ہو جو تخلیق، بڑی عرق ریزی کے بعد اپنے مفاہم واضح کرنے کی کوشش کرے ہم عموماً ایسے ادب کو دانشوروں کے حوالے کر دیا کرتے ہیں اور یہیں سے عام اذہان رکھنے والے لوگ ہم سے دور ہو جاتے ہیں۔ پریم چند، سعادت حسن منٹو، مہادیوی ورما، نرالا، غالب، مومن، مخدوم محی الدین، شہریار، ندا فاضلی اور اردو ہندی کے مختلف تخلیق کار ہیں جن کا تعلق فلموں سے براہ راست بھی رہا ہے اور اس حقیقت کو تسلیم کرلینا چاہیئے کہ انہیں عوامی شہرت دلانے میں فلموں نے بھی بہت اہم رول ادا کیا ہے۔

پہلی متکلم فلم "عالم آرا" کو ہی ہم پیش نظر رکھیں اور اس میں پیش کردہ شاعری کو

ملحوظ رکھا جائے اور یہ سوچ کر ہر گز اس پر تبصرہ نہ کیا جائے کہ اس کا تعلق فلم سے ہے میں سمجھتا ہوں کہ اگر خالص ادبی معاملات کو پیش نظر رکھ کر ایسی شاعری پر گفتگو کی جائے تو اس میں ادب کے وہ تمام تر لوازمات موجود ہیں جو کسی نہ کسی طور پر ہماری شاعری کے لئے لازم وملزوم قرار دے دئے جاتے ہیں۔ مگر "عالم آرا" یا اس کے بعد آنے والی ایک صدی پر محیط فلمی شاعری یا فکشن کو پیش نظر رکھیں تو یہ حقیقت واضح ہو جائے گی کہ ہم نے عموماً فلموں سے اس کی معیاری شاعری فکشن کو ادب سے محض اس لئے دور رکھا ہے کہ ہمارے نام نہاد نقاد اس سے تفریح تو کرتے رہے ہیں مگر اسے ادب میں کوئی مقام عطا کرنے کے نام پر خود کو دور رکھنے میں ہی عافیت محسوس کرتے ہیں۔ دراصل یہ محض اعتماد یا اپنے واضح نظریہ کے ترسیل کی کمی کا معاملہ ہے۔ ہم یہ جانتے ہیں کہ جس طرح تمام ادب کسی بھی دور میں قابل قبول نہیں رہا ہے اسی طرح ہر طرح کی فلمیں بھی ہمارے معیار کو ایک طرح سے کرنے میں کامیاب نہیں رہی ہیں۔

جب کبھی ہم فلموں میں اردو کے فروغ پر گفتگو کرتے ہیں تو کسی نہ کسی جہت سے یہ بات بھی واضح ہوتی ہے کہ اردو ہندوستان میں ابھرنے والی مخلوط تہذیب کی ترجمانی کرنے والی واحد زبان ہے جو محض اس لئے مقبول ہوئی کہ اس نے تمام ہندوستان کو نہ صرف یہ کہ اپنے اندر سمیٹ لیا بلکہ ہمیں قوت گویائی بھی عطا کی۔ معاملہ یہ ہے کہ ہندوستان اور خصوصاً غیر منقسم ہندوستان میں ہر چند میل کے فاصلے پر علاقائی زبان کا لہجہ واضح طور پر سنائی دیتا ہے۔ علاقائی زبانیں یقیناً اہم ہوا کرتی ہیں لیکن ہمیں ایک ایسی زبان کی ضرورت بھی تھی جو نہ صرف یہ کہ سبھوں کے لئے قابل قبول ہو بلکہ ہم اپنے آپ کو مہذب لہجہ میں پیش کرنے کے اہل بھی ہو سکیں۔ اردو نے ایسی ہی ضرورت کو نہ صرف یہ کہ پورا کیا بلکہ یہ ایک طرح سے ہمارے دل کی، ہماری روح کی، ہماری ضرورت کی زبان

بن گئی۔ اگر ایسا نہیں ہوتا تو فلموں کے فروغ میں اردو کبھی قابل قدر نہیں ہوتی۔ فلموں کی ایک صدی گواہ ہے کہ بالی ووڈ کی فلموں کی تاریخ اردو کے بغیر مکمل نہیں ہو سکتی اور نہ ہی اپنے پھیلے ہوئے بازار میں قابل قبول یا قابل قدر ہو سکتی ہے۔ میں اس بحث میں جانا نہیں چاہتا کہ فلموں میں اردو کے استعمال کے باوجود اسے سند کس زبان کی دی جاتی ہے لیکن عوامی سطح پر یہ تسلیم شدہ حقیقت ہے کہ اردو کے استعمال کے بغیر ہندوستان میں عموماً کامیاب فلموں کا تصور نہیں کیا جاسکتا ہے۔ اردو چونکہ تہذیب سے وابستہ زبان ہے اسی لئے جب کبھی فلموں کے نغمے، مکالمے، کہانیاں تحریر کی گئیں تو اس میں اردو ہی حاوی رہی۔ ظاہر ہے کہ ہم خوبصورت مکالمے، خوبصورت شاعری یا خوبصورت کہانیاں ہی سننا پسند کرتے ہیں اس لئے عوام کی پسند کو ملحوظ رکھتے ہوئے ہم نے سہل طریقہ سے ہی سہی اس کی معیار سازی بھی کی ہے۔

اردو میں رسم الخط کا معاملہ ممکن ہے زبان سے بعض اوقات دوریوں کا سبب ہو مگر ترسیل کی سطح پر کبھی ایسا نہیں ہوا کہ جن لوگوں کو رسم الخط کی جانکاری نہ ہو وہ اردو نغموں ، مکالموں کو سمجھنے سے قاصر رہے ہیں۔ یہاں محض اشاروں میں اپنی بات کہنے کی کوشش کر رہا ہوں کیونکہ فلموں سے ہر کس و ناکس کی کسی نہ کسی طور پر وابستگی رہی ہے اس لئے بہت زیادہ وضاحت کی ضرورت نہیں ہے۔ اس قماش کی کئی فلمیں ہیں جو محض اپنے مکالموں یا نغموں کی وجہ سے قابل قدر ہیں جیسے کہ پہلی منظوم فلم ہیر رانجھا کو ہی لیں تو ایسا معلوم ہوتا ہے کہ کیفی اعظمی کے نغمات نے اسے نہ صرف یہ کہ ایک خاص بلندی عطا کی بلکہ اس فلم نے یہ بھی ثابت کیا کہ ایک طویل فلم محض منظوم مکالموں کی وجہ سے بھی عوامی مقبولیت حاصل کر سکتی ہے اور اس پر اگر نغمے معاونت کریں تو پھر ایک خوبصورت فلم اپنی تمام تر توقعات کے ساتھ عوام میں ہر دل عزیز ہو جاتی ہے۔ مجھے یاد آرہا ہے وہ

شہرۂ آفاق نغمہ جس کے اشعار تھے۔

ان کو خدا ملے ہے خدا کی جنہیں تلاش
مجھ کو بس اک جھلک مرے دلدار کی ملے

اس طرح اگر یادوں کے دریچے وا ہو جائیں تو ایسے نغمات کا ایک طویل سلسلہ ہے جو آج بھی پوری تازہ کاری کے ساتھ مختلف نسلوں میں منتقل ہو رہے ہیں۔ نظم یا غزل کے اشعار کہیں ذہن کے نہاں خانوں میں عموماً گونجتے رہتے ہیں۔

مجروح لکھ رہے ہیں وہ اہل وفا کا نام
ہم بھی کھڑے ہوئے ہیں گنہگار کی طرح

چراغ دل کا جلاؤ بہت اندھیرا ہے
کہیں سے لوٹ کے آؤ بہت اندھیرا

مرا تو جو بھی قدم ہے وہ تیری راہ میں ہے
کہ تو کہیں بھی رہے تو مری نگاہ میں ہے

یہ کون آیا کہ روشن ہو گئی محفل کس کے نام سے
میرے گھر میں جیسے سورج نکلا ہے شام سے

پتّا پتّا بوٹا بوٹا حال ہمارا جانے ہے
جانے نہ جانے گل ہی نہ جانے باغ تو سارا جانے ہے

آج بچھڑے ہیں کل کا ڈر بھی نہیں
زندگی اتنی مختصر بھی نہیں

دیکھا ہے زندگی کو کچھ اتنا قریب سے
چہرے تمام لگنے لگے ہیں عجیب سے

گزرے ہیں آج عشق میں ہم اس مقام سے
نفرت سی ہو گئی ہے محبت کے نام سے

میں کوئی پتھر نہیں انسان ہوں
کیسے کہوں غم سے گھبراتا نہیں

جانے کیا ڈھونڈتی رہتی ہے آنکھیں مجھ میں
راکھ کے ڈھیر میں شعلہ ہے نہ چنگارہ ہے

دن بھر دھوپ کا پربت کاٹا شام کو پینے نکلے ہم
جن گلیوں میں موت بچھی تھی ان میں جینے نکلے ہم

چھو لینے دو نازک ہونٹوں کو کچھ اور نہیں ہے جام ہے یہ

قدرت نے جو ہم کو بخشا ہے وہ سب سے حسیں انعام ہے یہ

سینے میں جلن آنکھوں میں طوفان سا کیوں ہے
اس شہر میں ہر شخص پریشان سا کیوں ہے
دل ہے تو دھڑکنے کا بہانہ کوئی ڈھونڈے
پتھر کی طرح بے حس و بے جان سا کیوں ہے

یہ کیا جگہ ہے دوستو یہ کون سا دیار ہے
حد نگاہ تک جہاں غبار ہی غبار ہے

ہم نے دیکھی ہے ان آنکھوں کی مہکتی خوشبو
پیار کو پیار ہی رہنے دو کوئی نام نہ دو

یہاں بعض ایسے نغمہ نگاروں کا ذکر ناگزیر ہے جن کے حوالے سے فلم اور ادب کا رشتہ بہر حال مستحکم بھی ہوا ہے اور صحت مند بھی۔ اس لئے کہ ان شاعروں نے ادب میں بھی اپنی اہمیت کو اسی بلند معیار کے ساتھ قائم رکھا جس معیار کی شاعری انہوں نے فلموں کے لئے کی۔ ان میں آغا حشر کاشمیری، آرزو لکھنوی، تنویر نقوی، قمر جلال آبادی، راجا مہدی علی خان، شکیل بدایونی، ساحر لدھیانوی، مجروح سلطانپوری، حسرت جے پوری، کیفی اعظمی، گلزار، جاں نثار اختر، گوپال سنگھ نیپالی، شیلندر، ندا فاضلی، شہریار، جاوید اختر، ابراہیم اشک وغیرہ خصوصی طور پر قابل قدر رہے ہیں۔

ان نغمہ نگاروں کی سب سے بڑی خوبی یہ رہی ہے کہ انہوں نے عوام کے معیار کو

بہت ہی سہل انداز میں بلند کرنے کی کامیاب کوششیں کی ہیں یہاں فلموں کی تاریخ کے حوالے سے آغا حشر کاشمیری کا ذکر اس لئے ناگزیر ہے کہ ایک زمانے میں تھیٹر اور فلموں کا گہرا رشتہ رہا ہے بلکہ یہ کہنا زیادہ مناسب ہو گا کہ ہندوستان میں متکلم فلموں کا دور شروع کرنے میں تھیٹر نے ہی اہم رول ادا کیا ہے۔ عموماً آغا حشر کاشمیری یا ان کے بعد کے ڈرامہ نگاروں کے یہاں نغموں کے ذریعہ اپنی کہانی کو آگے بڑھانے کا چلن عام تھا۔ ظاہر ہے ہیر انجھا کا تجربہ تو بعد کا لیکن اس کی تحریک دراصل ڈراموں سے ہی ملی تھی۔اس میں آغا حشر کی منظوم شاعری / مکالمے نے خاصا اہم رول ادا کیا، شیریں فرہاد، دل کی آگ، قسمت کا شکار اور آتشی طوفان، عورت کا پیار وغیرہ ان کی اہم ترین فلمیں ہیں۔ آغا حشر کاشمیری کے کئی مصرعوں یا اشعار کو بعد کی فلموں میں بھی استعمال کیا گیا۔ شیلندر نے آغا حشر کے ایک مکھڑے پر یہ اشعار قلمبند کئے تھے جو بہت مشہور بھی ہوئے۔

سجنوا بیری ہو گئے ہمار
چٹھیا ہو تو ہر کوئی باچے
بھاگ نہ باچے کوئی
کرم وا بیری ہو گئے ہمار

آغا حشر کاشمیری کا ایک شعر تو فلموں یا عوامی زندگی میں خاص موقع کے لئے نہ صرف یہ کہ ضرب المثل بن چکا ہے بلکہ کسی زمانے میں فلم اسی شعر سے شروع ہوا کرتی تھی۔

مدعی لاکھ برا چاہے تو کیا ہوتا ہے
وہی ہوتا ہے جو منظور خدا ہوتا ہے

میں نے کہا ہے کہ ایک رجحان کے طور پر ہم یہ کہنے کی کوشش کر رہے ہیں کہ ہمارے تخلیق کاروں نے ہر دور میں کس طرح فلموں کو عوام سے ایک مخصوص معیار کے ساتھ جوڑنے کی کوشش کی ہے۔ اگر اور آگے بڑھیں تو شکیل بدایونی کی خدمات کو بھی ہم فراموش نہیں کر سکتے۔ یہ وہ دور تھا جب فلمی نغموں کے ذریعہ ایک طرح سے ادب کو بھی فروغ دیا جا رہا تھا۔ شکیل بدایونی کا کلام لگ بھگ ہر گھر میں گونج رہا تھا۔

نہ ملتا غم تو بربادی کے افسانے کہاں جاتے
اگر دنیا چمن ہوتی تو ویرانے کہاں جاتے

لگے ہیں شمع پر پہرے زمانے کی نگاہوں کے
جنہیں جلنے کی حسرت ہے وہ پروانے کہاں جائیں

نصیب میں جس کے جو لکھا تھا جو تیری محفل میں کام آیا
کسی کے حصے میں پیاس آئی کسی کے حصے میں جام آیا

یہ کیا زندگی ہے یہ کیسا جہاں ہے
جدھر دیکھئے ظلم کی داستاں ہے

پھر تیری کہانی یاد آئی پھر تیرا افسانہ یاد آیا
پھر آج ہماری آنکھوں کو اک خواب پرانا یاد آیا

تری محفل میں قسمت آزما کر ہم بھی دیکھیں گے
گھڑی بھر کو ترے نزدیک آکر ہم بھی دیکھیں گے

تری خاطر ستم دل پہ گوارہ کرلیا میں نے
کہا کس نے محبت سے کنارہ کرلیا میں نے

آج پرانی راہوں سے کوئی مجھے آواز نہ دے
درس میں ڈوبے گیت نہ دے غم کا سسکتا ساز نہ دے

یا پھر یہ کہ:

کوئی ساغر دل کو بہلاتا نہیں
بے خودی میں بھی قرار آتا نہیں
زندگی کے آئینے کو توڑ دو
اس میں اب کچھ بھی نظر آتا نہیں
میں کوئی پتھر نہیں انسان ہوں
کیسے کہہ دوں غم سے گھبراتا نہیں

شکیل بدایونی نے ایک طرح سے فلمی ٹرینڈ کو بدلنے کے عمل میں یہ کوشش بھی کی کہ آنے والے شاعروں کے لئے راہ کچھ اس طرح ہموار ہو جائے کہ ہم ادب اور فلموں کے رشتوں کو مستحکم کرنے میں کسی بھی طرح دشواری محسوس نہ کریں بلکہ تخلیقی توانائی

کے ساتھ عوام سے وابستہ ہو جائیں۔

مجروح سلطان پوری، کیفی اعظمی، راجا مہدی علی خاں، جاں نثار اختر، شیلندر، گلزار، ندا فاضلی، جاوید اختر اور شہریار وغیرہ نے پوری شدت کے ساتھ ایسی معیار سازی کی کہ اردو خود بخود عوام کی پسند کا ایک بلند معیار تصور کی جانے لگی۔

اسی طرح اگر ہم فلموں میں فکشن کو پیش نظر رکھیں تو پریم چند سے لیکر سلیم جاوید تک ایک لمبا اور بے حد خوبصورت سلسلہ ہے جو ہماری فلمی تاریخ کے سنہرے ابواب پر مشتمل ہے۔ پریم چند اردو یا ہندی فکشن کا ایسا نام ہے جسے ہمارا ادب معیار کے طور پر پیش کرتا ہے۔ گئودان پریم چند کا اہم ترین ناول ہے۔ یہاں میں یہ کہتا چلوں کہ کوئی بھی تخلیق کار اپنے تخلیل کی پرواز کے دوران تصویری امیج ذہن و دل کے نہاں خانے پر پیش کرنے کی کوشش کرتا ہے۔ ظاہر ہے کہ یہ تصویری عمل اس کی تحریر تک پہنچتے پہنچتے کسی حد تک ہی واضح ہو پاتا ہے مگر جب یہ کام اسکرین پلے رائٹر کرنے کی کوشش کرتا ہے تو پھر اس فکشن کو پوری توانائی کے ساتھ تصویروں کے لامتناہی سلسلوں سے جوڑ دیتا ہے۔ گئودان یا اس طرح کے ناولوں یا افسانوں پر جو فلمیں بنیں انہیں بھی اس عمل سے گذرنا پڑا۔ اس لئے ادب کے فروغ میں عوامی سطح پر فلم کا اتنا بڑا رول ہو جاتا ہے کہ ہم کسی بھی طرح اسے نظر انداز نہیں کر سکتے کیونکہ پرنٹ میڈیا کے ذریعہ ہمارا ادب مخصوص طبقہ تک ہی پہنچ پاتا ہے لیکن جب فلم بن جاتی ہے تو تصویروں کے توسط سے بڑی آبادی تک ہم اس کی ترسیل کر پاتے ہیں۔

تاریخ شاہد ہے کہ پریم چند کی کہانیوں ناولوں کے علاوہ شوکت تھانوی کے مذاحیہ ناول، منٹو کی کہانی، عصمت چغتائی، مرزا رسو، کرشن چندر، خواجہ احمد عباس، کمال امروہی

، سلیم جاوید، راجندر سنگھ بیدی، اختر الایمان، آغا جانی کشمیری، گلزار، وضاحت مرزا، ابرار علوی، اور ایسے ہی دوسرے فکشن نگاروں کی تخلیقات سے مزین رہی ہیں ہماری شہرہ آفاق فلمیں۔

اردو کے علاوہ بنگلہ، تیلگو، مراٹھی، کنڑ، انگریزی اور دوسری زبانوں میں بھی جو فلمیں بنی ہیں ان میں اپنی زبان کی منتخب تخلیقات کو بھی بخوبی شامل کرنے کی کوششیں کی گئی ہیں۔ ہندی میں منتقل ہونے والی ایسی فلموں کی تعداد بھی خاصی ہے جو ہندوستانی یا بیرون ممالک کی زبانوں کے شہ پارے پر مبنی ہیں۔ فلموں کی اپنی شعریات ہوا کرتی ہے۔ ویژوئل میڈیم میں پیش کش کا طریقہ الگ ہو جاتا ہے۔ کبھی کبھی کئی صفحات پر مشتمل تفصیلات فلموں میں کچھ لمحے میں ہی واضح ہو جاتی ہیں لیکن بعض ایسا بیانیہ بھی ہوتا ہے جو بظاہر بہت مختلف ہونے کے باوجود تخیلات کی بلندیوں سے مزیّن ہوتا ہے۔ جب اسے فلم کے قالب میں ڈھالا جاتا ہے تو کار جہاں دراز ہو جاتا ہے۔ یہ کام اسکرین پلے رائٹر، ہدایت کار، کیمرا پرسن، نغمہ نگار، موسیقار، ایڈیٹر کی اجتماعی کوششوں سے ایک نئی صورت اختیار کرلیتا ہے۔ چونکہ سینما کا بنیادی تعلق تفریح سے ہے اس لئے صحت مند فلم سازوں کے ذریعہ بنیادی Content کو مجروح کئے بغیر فلم مکمل کی جاتی ہے۔ مگر بعض ایسی فلمیں بھی ہیں جو آرٹ سینما کے نام پر بہت خشک ڈھنگ سے پیش کی جاتی رہی ہیں۔ انہیں ایوارڈ وغیرہ مل جاتا ہے لیکن سینما گھروں میں ناظرین نہیں ملتے۔ میرا یہ ماننا ہے کہ عوام کی معیار سازی صحت مند تفریح کے ساتھ کی جانی چاہئے۔

چوں کہ فلم کا تعلق صنعت سے ہے اور جہاں کاروبار ہوتا ہے وہاں عموماً دل کی دنیا موہوم سی ہو جاتی ہے اور اس کاروبار میں عموماً فنکار تنہا بھی ہو جاتا ہے۔ لیکن پتھروں کو

بھی تان سین کی موسیقی کے توسط سے پگھلانے کا کام بہر حال انتہائی صبر آزما اور ناقابل فراموش عمل رہا ہے۔ مگر ہمارے جن تخلیق کاروں نے ایسا کچھ کر دکھایا ہے انہیں یقیناً لیجنڈ کے طور پر دنیا یاد رکھے گی۔ بھلے ہی ہم یہ سوچتے رہیں کہ:

کاروبارِ شوق میں بس فائدہ اتنا ہوا
تجھ سے ملنا تھا کہ میں کچھ اور بھی تنہا ہوا

Literary taste in Hindi movies. Essay: Dr. Quasim Khursheed

***

۱۳

دھواں - ایک جائزہ

سعادت حسن منٹو

چوبیس افسانوں کے اس مجموعے میں جو انسانی زندگی کے مختلف شعبوں سے متعلق ہیں، دو افسانے بعنوان "دھواں" اور "کالی شلوار" استغاثے کے نزدیک عریاں اور فحش ہیں۔

مجھے اس سے اختلاف ہے کیونکہ یہ دونوں کہانیاں عریاں اور فحش نہیں ہیں۔

کسی ادب کے متعلق ایک روزانہ اخبار کے ایڈیٹر، ایک اشتہار فراہم کرنے والے اور ایک سرکاری مترجم کا فیصلہ صائب نہیں ہو سکتا۔ بہت ممکن ہے کہ یہ تینوں کسی خاص اثر، کسی خاص غرض کے تحت اپنی رائے قائم کر رہے ہوں اور پھر یہ بھی ممکن ہے کہ تینوں حضرات ایسی رائے دینے کے اہل ہی نہ ہوں۔ کیونکہ کسی بڑے شاعر کسی بڑے افسانہ نگار کے افسانوں پر صرف وہی آدمی تنقید کر سکتا ہے جو تنقید نگاری کے فن کے تمام عواقب و عواطف سے آگاہ ہو۔

استغاثے نے میرے ان دو افسانوں پر کوئی بصیرت افروز تنقید نہیں کی۔ صرف اتنا کہہ دینے سے کہ یہ دونوں افسانے فحش ہیں، اس آدمی کی جو روشنی کا خواہش مند ہے، جو اپنے عیوب و محاسن جاننا چاہتا ہے اور ان کی اصلاح کرنا چاہتا ہے ہرگز ہرگز تسکین نہیں

ہوتی۔۔۔

میں اگر جواب میں صرف اتنا کہہ کر خاموش ہو جاؤں کہ یہ دونوں افسانے فحش نہیں ہیں تو ظاہر ہے کہ میں اندھیرے میں اور بھی اضافہ کر دوں گا۔۔۔ مگر میں ایسا نہیں کروں گا اور جہاں تک مجھ سے ہو سکے گا، اپنا مافی الضمیر بیان کرنے کی کوشش کروں گا۔

زبان میں بہت کم لفظ فحش ہوتے ہیں۔ طریق استعمال ہی ایک ایسی چیز ہے جو پاکیزہ سے پاکیزہ الفاظ کو بھی فحش بنا دیتا ہے۔ میرا خیال ہے کہ کوئی بھی چیز فحش نہیں لیکن گھر کی کرسی اور ہانڈی بھی فحش ہو سکتی ہے اگر ان کو فحش طریقے پر پیش کیا جائے۔۔۔ چیزیں فحش بنائی جاتی ہیں، کسی خاص غرض کے ماتحت۔

عورت اور مرد کا رشتہ فحش نہیں اور اس کا ذکر بھی فحش نہیں۔ لیکن جب اس رشتے کو چوراسی آسنوں یا جوڑ دار خفیہ تحریروں میں تبدیل کر دیا جائے اور لوگوں کو ترغیب دی جائے کہ وہ تخلیئے میں اس رشتے کو غلط زاویے سے دیکھیں تو میں اس فعل کو صرف فحش ہی نہیں بلکہ نہایت گھناؤنا، مکروہ اور غیر صحتمند کہوں گا۔

فحش اور غیر فحش میں تمیز کرنے کے لیے شاید یہ مثال کام دے سکے:

ایک آرٹ گیلری میں نمائش کے لیے ننگی عورتوں کی بہت سی تصویریں پیش ہوئیں۔ ان میں سے کسی نے بھی، جیسا کہ ظاہر ہے، دیکھنے والوں کا اخلاق خراب نہ کیا اور نہ ان کے شہوانی جذبات ہی کو ابھارا۔ البتہ ایک تصویر جس میں عورت کا سارا بدن کپڑوں میں مستور تھا اور ایک خاص حصہ اس ترکیب سے نیم عریاں چھوڑ دیا گیا تھا کہ دیکھنے والوں کے جذبات میں گُدگدی سی ہوتی تھی، فحش قرار دی گئی۔

کیوں؟

اس لیے کہ آرٹسٹ کی نیت میں فرق تھا اور اس نے جان بوجھ کر لباس کو کچھ اس

طرح اوپر اٹھادیا تھا کہ دیکھنے والوں کے دل و دماغ میں ہلچل سی مچ جائے اور وہ اپنے تصور سے مدد لے کر اس نیم عریاں حصے کو عریاں دیکھنے کی کوشش کریں۔

تحریر و تقریر میں، شعر و شاعری میں، سنگ سازی و صنم تراشی میں فحاشی تلاش کرنے کے لیے سب سے پہلے اس کی ترغیب ٹٹولنی چاہئے۔ اگر یہ ترغیب موجود ہے، اگر اس کی نیت کا ایک شائبہ بھی نظر آرہا ہے تو وہ تحریر، وہ تقریر، وہ شعر، وہ بُت قطعی طور پر فحش ہے۔

اب ہمیں دیکھنا ہے کہ یہ ترغیب "دھواں" میں موجود ہے یا نہیں ------ آیئے! ہم اس افسانے کا تجزیہ کرتے ہیں۔

مسعود ایک کمسن لڑکا ہے غالباً دس بارہ برس کا -------- اس کے جسم میں جنسی بیداری کی پہلی لہر کس طرح پیدا ہوتی ہے۔ یہ اس افسانے کا موضوع ہے ایک خاص فضا اور چند خاص چیزوں کا اثر بیان کیا گیا ہے، جو مسعود کے جسم میں دھندلے، دھندلے خیالات پیدا کرتا ہے ایسے خیالات جن کا رجحان جنسی بیداری کی طرف ہے، یہ بیداری وہ سمجھ نہیں سکتا، لیکن نیم شعوری طور پر محسوس ضرور کرتا ہے، بے کھال کا بکرا جس میں سے دھواں اٹھتا ہے۔ سردیوں کا ایک دن جب کہ بادل گھرے ہوتے ہیں اور آدمی سردی کے باوجود ایک میٹھی میٹھی حرارت محسوس کرتا ہے۔ ہانڈی جس میں سے بھاپ اٹھ رہی ہے۔ بہن، جس کی ٹانگیں وہ دباتا ہے ---------- یہ سب عناصر مل کر مسعود کے بدن میں جنسی بیداری پیدا کرتے ہیں جوانی کی اس پہلی انگڑائی کو وہ غریب سمجھ نہیں سکتا اور انجام کار اپنی ہاکی اسٹک توڑنے کی ناکام سعی کرتا کرتا تھک جاتا ہے -------- یہ تھکاوٹ اس بے نام سی چنگاری کو "اس" کچھ کرنے کی تحریک کو دبا دیتی ہے۔

"دھواں" میں شروع سے لے کر آخر تک ایک کیفیت ایک جذبے، ایک تحریک کا نہایت ہی ہموار نفسیاتی بیان ہے اصل موضوع سے ہٹ کر اس میں دوراز کار باتیں نہیں کی گئیں۔ اس میں ہمیں کہیں بھی ایسی ترغیب نظر نہیں آتی جو قارئین کو شہوانی لذتوں کے دائرے میں لے جائے، اس لئے کہ افسانے کا موضوع "شہوت" نہیں ہے، استغاثہ اگر ایسا سمجھتا ہے تو یہ اس کی کم نظری ہے--------- خشخاش کے دانے افیم کی گولی بننے تک کافی مرحلے طے کرتے ہیں۔

میں نے اس کہانی میں کوئی سبق نہیں دیا۔ اخلاقیات پر یہ کوئی لیکچر بھی نہیں کیونکہ میں خود کو نام نہاد ناصح یا معلم اخلاق نہیں سمجھتا، البتہ اتنا ضرور سمجھتا ہوں کہ اس لڑکے کو مضطرب کرنے والی چیزیں خارجی تھیں۔ انسان اپنے اندر کوئی برائی لے کر پیدا نہیں ہوتا ۔ خوبیاں اور برائیاں اس کے دل و دماغ میں باہر سے داخل ہوتی ہیں۔ بعض ان کی پرورش کرتے ہیں۔ بعض نہیں کرتے۔ میرے نزدیک قصائیوں کی دکانیں فحش ہیں کیونکہ ان میں ننگے گوشت کی بہت بدنما اور کھلے طور پر نمائش کی جاتی ہے------ میرے نزدیک وہ باپ اپنی اولاد کو جنسی بیداری کا موقع دیتے ہیں جو دن کو بند کمروں میں کئی کئی گھنٹے اپنی بیوی سے سر دبوانے کا بہانہ لگا کر اس سے ہمبستری کرتے ہیں۔

ہندوستان میں بچوں کے اندر بہت کمسنی ہی میں جنسی بیداری پیدا ہو جاتی ہے، اس کی وجہ کسی حد تک آپ کو میرے افسانے کے مطالعے سے معلوم ہو سکتی ہے----- اتنی چھوٹی عمر میں جنسی بیداری کا پیدا ہونا میرے نزدیک بہت ہی بھونڈی چیز ہے یعنی اگر میں کسی چھوٹے بچے کو جنسیات کی طرف راغب دیکھوں تو مجھے کوفت ہو گی، میرے صناعانہ جذبات کو صدمہ پہنچے گا۔

افسانہ نگار اس وقت اپنا قلم اٹھاتا ہے جب اس کے جذبات کو صدمہ پہنچتا ہے، مجھے

یاد نہیں کیونکہ عرصہ گزر چکا ہے لیکن "دھواں" لکھنے سے پہلے مجھے کوئی منظر کوئی اشارہ یا کوئی واقعہ دیکھ کر ضرور ایسا صدمہ پہنچا ہوگا جو افسانہ نگار کے قلم کو حرکت بخشتا ہے۔

افسانے کا مطالعہ کرنے سے یہ امر اچھی طرح واضح ہو سکتا ہے کہ میں نے اس بے نام سی لذت میں جو مسعود کو محسوس ہو رہی تھی، خود کو قارئین کو کہیں شریک نہیں کیا ۔۔۔۔۔۔۔۔ یہ ایک اچھے فن کار کے قلم کی خوبی ہے۔ اس افسانے میں سے چند سطور پیش کرتا ہوں جس سے افسانہ نگار کے غایت درجہ محتاط ہونے کا پتہ چلتا ہے اس نے کہیں بھی مسعود کے دماغ میں شہوانی خیالات کی موجودگی کا ذکر نہیں کیا۔ ایسی لغزش افسانے کا ستیاناس کر دیتی۔

(۱) مسعود کے وزن کے نیچے کلثوم کی چوڑی چکلی کمر میں خفیف سا جھکاؤ پیدا ہوا، جب اس نے پیروں سے دبانا شروع کیا۔ شروع اسی طرح، جس طرح مزدور مٹی گوندھتے ہیں۔۔۔۔ تو کلثوم نے مزا لینے کے خاطر ہولے ہولے ہائے ہائے کرنا شروع کیا۔

(۲) کلثوم کی رانوں میں اکڑی ہوئی مچھلیاں اس کے پیروں کے نیچے دب دب کر ادھر ادھر پھسلنے لگیں۔ مسعود نے ایک بار اسکول میں تنے ہوئے رستے پر ایک بازیگر کو چلتے دیکھا تھا۔ اس نے سوچا کہ بازیگر کے پیروں کے نیچے تنا ہوا رسا بھی اس طرح پھسلتا ہوگا۔

(۳) بکرے کے گرم گرم گوشت کا اسے بار بار خیال آتا تھا۔ ایک مرتبہ اس نے سوچا "کلثوم" کو اگر ذبح کیا جائے تو کھال اترنے پر کیا اس کے گوشت میں سے دھواں نکلے گا۔"۔۔۔۔۔۔۔ لیکن ایسی بیہودہ باتیں سوچنے پر اس نے اپنے آپ کو مجرم محسوس کیا اور دماغ کو اسی طرح صاف کر دیا۔ جس طرح وہ سلیٹ کو اسفنج سے صاف کیا کرتا تھا۔

خط کشیدہ الفاظ اس بات کے ضامن ہیں کہ مسعود کا ذہن کہیں بھی شہوت سے ملوث نہیں ہوا۔ وہ اپنی بہن کی کمر دباتا ہے جس طرح مزدور مٹی گوندھتے ہیں۔ ٹانگیں دباتا ہے تو اس کا خیال بازیگر کی طرف چلا جاتا ہے جس کا تماشا اس نے ایک بار اپنے اسکول میں دیکھا تھا۔۔۔۔۔۔۔۔اور جب یہ سوچتا ہے کہ اس کی بہن ذبح کر دی جائے تو کیا اس کے گوشت میں سے دھواں نکلے گا تو فوراً اسے بری بات سمجھ کر اپنے دماغ سے نکال دیتا ہے اور خود کو مجرم سمجھتا ہے۔

خدا جانے استغاثہ اس افسانے کو فحش کیوں کہتا ہے جس میں فحاشی کا شائبہ تک موجود نہیں۔ اگر میں کسی عورت کے سینے کا ذکر کرنا چاہوں گا تو اسے عورت کا سینہ ہی کہوں گا، عورت کی چھاتیوں کو آپ مونگ پھلی، میز یا اُسترہ نہیں کہہ سکتے۔ یوں تو بعض حضرات کے نزدیک عورت کا وجود ہی فحش ہے مگر اس کا کیا علاج ہو سکتا ہے؟ میں ایسے لوگوں کو بھی جانتا ہوں کہ جن کو بکری کا ایک معصوم بچہ ہی معصیت کی طرف لے جاتا ہے۔ دنیا میں ایسے اشخاص بھی موجود ہیں جو مقدس کتابوں سے شہوانی لذت حاصل کرتے ہیں اور ایسے انسان بھی آپ کو مل جائیں گے، لوہے کی مشینیں جن کے جسم میں شہوت کی حرارت پیدا کر دیتی ہیں۔ مگر لوہے کی ان مشینوں کا جیسا کہ آپ سمجھ سکتے ہیں کوئی قصور نہیں۔ اسی طرح نہ بکری کے معصوم بچے کا اور نہ مقدس کتابوں کا۔۔۔

ایک مریض جسم، ایک بیمار ذہن ہی ایسا غلط تاثر لے سکتا ہے۔ جو لوگ روحانی، ذہنی اور جسمانی لحاظ سے تندرست ہیں، اصل میں انہی کے لیے شاعر شعر کہتا ہے، افسانہ نگار افسانہ لکھتا ہے اور مصور تصویر بناتا ہے۔

میرے افسانے تندرست اور صحت مند لوگوں کے لیے ہیں۔

ایسے انسانوں کے لیے جو عورت کے سینے کو عورت کا سینہ ہی سمجھتے ہیں اور اس سے

زیادہ آگے نہیں بڑھتے ۔۔۔ جو عورت اور مرد کے رشتے کو استعجاب کی نظر سے نہیں دیکھتے۔۔۔ جو کسی ادب پارے کو ایک ہی دفعہ نگل نہیں جاتے۔

روٹی کھانے کے متعلق ایک موٹا سا اصول ہے کہ ہر لقمہ اچھی طرح چبا کر کھاؤ، لعاب دہن میں اسے خوب حل ہونے دو تاکہ معدے پر زیادہ بوجھ نہ پڑے اور اس کی غذائیت برقرار رہے۔

پڑھنے کے لیے بھی یہی موٹا اصول ہے کہ ہر لفظ کو، ہر سطر کو، ہر خیال کو اچھی طرح ذہن میں چباؤ۔ اس لعاب کو جو پڑھنے سے تمہارے دماغ میں پیدا ہو گا، اچھی طرح حل کرو تاکہ جو کچھ تم نے پڑھا ہے اچھی طرح ہضم ہو سکے۔ اگر تم نے ایسا نہ کیا تو اس کے نتائج برے ہوں گے جس کے لیے تم لکھنے والے کو ذمہ دار نہ ٹھہرا سکو گے۔ وہ روٹی جو اچھی طرح چبا کر نہیں کھائی گئی تمہاری بدہضمی کی ذمہ دار کیسے ہو سکتی ہے؟!

A review on short story Dhuvaan by Manto

* * *